D1669821

Eberhard Winterhager

—

Leben und Wahrheit

Eberhard Winterhager

Leben und Wahrheit

Die Selbst-Gründung des Menschen

Königshausen & Neumann

Bibliografische Information der Deutschen Nationalbibliothek

Die Deutsche Nationalbibliothek verzeichnet diese Publikation in der Deutschen
Nationalbibliografie; detaillierte bibliografische Daten sind im Internet
über http://dnb.d-nb.de abrufbar.

© Verlag Königshausen & Neumann GmbH, Würzburg 2021
Gedruckt auf säurefreiem, alterungsbeständigem Papier
Umschlag: skh-softics / coverart
Umschlagabbildung: – Futuristic bckground design illustration
© Frank Rohde # 70178337, adobestock.com
Printed in Germany
ISBN 978-3-8260-7343-4
www.koenigshausen-neumann.de
www.ebook.de
www.buchhandel.de
www.buchkatalog.de

Vorwort

Philosophische Gedanken liegen für Außenstehende allzu oft fernab vom Verständlichen. Das kann sowohl an der Sprache und der Weise liegen, wie sie vorgetragen werden, als auch an Inhalten, die nicht mehr recht zu vermitteln sind. Die nachfolgenden Ausführungen suchen solche Hürden so weit möglich zu vermeiden. Das wurde dadurch erleichtert, dass diese Untersuchung von elementaren Lebenssituationen und entsprechenden Grundbegriffen ausgeht, mit denen jeder Mensch vertraut ist. Sie gelangt zu Ergebnissen, die u.a. den Gebrauch und die Reichweite dieser Begriffe verständlich machen. Diese Ergebnisse weisen darüber hinaus in die Richtung, für andere Disziplinen und deren Voranschreiten von Interesse zu sein. Von besonderer Bedeutung dürfte insoweit der Aufweis derjenigen Bedingungen ein, unter denen die ursprünglich empiristische Theorie Charles Darwins Verbindlichkeit gewinnt.

Die Offenheit des Ansatzes für alle Erkenntnisbedingungen hat den Verfasser dazu veranlasst, einzelne Kapitel mit drei Professoren zu diskutieren, die über viele Jahre andere Fächer an der Universität Siegen gelehrt haben, sich aber von einigen der hier behandelten Probleme oder dem Gesamtansatz angesprochen fühlten: dem Mathematiker Prof. Dr. Jörg Wills, dem Altphilologen Prof. Dr. Werner Deuse und dem Bibelwissenschaftler Prof. Dr. Ingo Broer. So hat J. Wills, dessen Einlassungen wörtlich zitiert sind, das 4. Kapitel erheblich beeinflusst. W. Deuse war es, der – philosophisch unvoreingenommen – das als Grundlegung konzipierte 1. Kapitel auf immanente Schlüssigkeit geprüft hat. Und I. Broer, mit dem Inhaltliches und manche Verständnisfrage schon vorab diskutiert wurden, hat das 12. Kapitel, in dem es auch um die religiöse Selbst-Gründung des Menschen gehen musste, nach theologischen Kriterien geprüft.

Inhaltsverzeichnis

Einleitung

Abhandlungen von Philosophen werden nicht für Kinder geschrieben. Der Versuch, schon sehr jungen Menschen einfache philosophische Fragestellungen nahezubringen, würde mutmaßlich auch – evtl. bei einigen Ausnahmefällen – scheitern. Doch indem für Philosophierende Bemühungen kaum je in Betracht kamen, von jungen Menschen verstanden zu werden, ergaben sich auch keine Anstöße für sie, selber Kinder und Jugendliche besser zu verstehen. Nicht zuletzt deshalb haben sie auch keine größere Aufgabe darin erkannt, die frühe geistige Entwicklung des Kindes nachzuvollziehen und so zu prüfen, ob nicht gerade in dieser Entwicklungsphase wichtige, philosophisch relevante Aspekte zutage treten, die für das Verstehen menschlichen Geistes ganz allgemein von Bedeutung sind. So hatte bislang die Entwicklungsgeschichte philosophischer Gedanken sowohl mit Bezug auf das Wirken einzelner Denker als auch mit Bezug auf nacheinander hervorgehende Systemansätze verschiedener Denker in der Disziplin zwar größtes Gewicht, aber die typische Entwicklung des konkreten menschlichen Geistes von früher Kindheit an haben die Philosophen weitestgehend anderen überlassen.

Dabei müsste eigentlich der Gebrauch mindestens zweier Begriffe durch Kinder, die etwa zwei bis drei Jahre alt sind, Philosophen – nicht nur beiläufig – aufmerken lassen: „ich" und „wahr". Eine genauere Beobachtung von Kindern der erwähnten Altersgruppe lässt nämlich erkennen, dass ihnen der Schritt zum Gebrauch dieser Worte deutlich mehr abverlangt als derjenige der meisten anderen, dass ihnen andererseits dieser Gebrauch aber auch neue sprachliche Möglichkeiten und geistige Perspektiven eröffnet. Allen Entwicklungspsychologen dagegen, die daran festhalten, rein empirisch vorzugehen, stehen die Instrumente nicht zur Verfügung, den Gebrauch vor allem des „ich" in seinen entscheidenden Funktionen verständlich zu machen. Daneben gilt auch für Disziplinen wie Soziologie oder empirische Anthropologie, dass ihnen ihr bislang geltendes Methodenideal nur sehr enge Entfaltungskorridore belässt.

Solche Engführung könnte sich aber durch neue Erkenntnisse der Philosophie lockern, sofern diesen wissenschaftliche Verbindlichkeit zukommt. In diesem Sinne dürfte die Lösung eines alten Problems der Philosophie einzelne neue Instrumente an die Hand geben, die bislang den Erfahrungswissenschaften nicht zugänglich schienen: die Lösung des Problems Selbstbewusstsein. Seit dem französischen Philosophen René Descartes hat es nämlich keine ernst zu nehmende Kritik an der Wahrheit der Aussage „Ich denke, also bin ich" gegeben, die jeder Mensch in der einen oder anderen Form ganz selbstverständlich äußert. Lässt sich die Rechtfertigung dieser Aussage aber unter Nutzung der empirisch verfügbaren Details eindeutig herleiten, muss dies auch Relevanz im Rahmen erfahrungswissenschaftlicher Disziplinen haben.

Eine solche Theorie findet sich in dem nachfolgenden 1. Kapitel. Es nimmt einen Gedankengang wieder auf, den der Verfasser in dem 2015 veröffentlichten Buch „Freiheit des Denkens: Ursprung und Konsequenzen" dargelegt hat. Die auf ihren Kern komprimierte Fassung des Buchs, die auf Einladung der Professorin Marion Heinz für einen Vortrag im Philosophischen Seminar der Universität Siegen erarbeitet worden war, hatte später eine nochmalige Neubesinnung zur Folge. Dabei stellte sich heraus, dass aus besagter Theorie auch der Wahrheitsbegriff hervorgehen muss. Soll dieser Begriff nämlich nicht gleichsam vom Himmel fallen, gilt es aufzudecken, woraus die Disposition des Menschen resultiert, sich ihn zu eigen zu machen. Das heißt nicht, dass jedes Kind den Wahrheitsbegriff neu erfinden müsste. Wohl aber ist es so, dass seine verstehende Übernahme durch das Kind eine ganz andere mentale Leistung voraussetzt als bloß konsensuales Nachplappern. Das Kind muss bereits eigene geistige Vorbedingungen erfüllen, um den Begriff – sozusagen von innen heraus – in seiner wesentlichen Funktion zu erfassen.

Besteht aber erst einmal Klarheit und möglichst auch Einvernehmen darüber, wie weit ein Kind in seinem dritten Lebensjahr mit Selbstbewusstsein und Wahrheitsbegriff sozusagen auf den Pfad der Vernunft einschwenkt, hat dies bereits weit reichende Konsequenzen für manche philosophischen Systemansätze. Der (künftige) Gegenstand der Erkenntnis ist in der frühen Entwicklung des Menschen zunächst einmal ein ganz einfaches Dies-da, von dem schrittweise mehr einsichtig erfasst werden muss, ohne dass schon eine Vernunft am Werk wäre. Vor allem in lebenspraktischer Hinsicht verfügt das Kind über viele *Kenntnisse* betreffend Personen und Gegenstände seiner Umgebung. Ein solcher Kenntnishorizont aber ist unerlässlich, um überhaupt zum Selbstbewusstsein und damit auch zu *Erkenntnissen* zu finden.

Der Argumentationsgang des 1. Kapitels dürfte aus philosophischer Sicht insofern ungewöhnlich erscheinen, als er das Thema Selbstbewusstsein quasi frontal angeht und im Grunde schon die Lösung des Problems im Aufriss darlegt. Für diese Vorgehensweise spricht indes die Tatsache, dass der kindliche Weg zum Selbstbewusstsein – gemessen an wissenschaftlichen Maßstäben – unter Bedingungen stattfindet, die seitens des Forschenden eine weitgehende Reduktion seiner Komplexitätserwartungen voraussetzen. Zu solchem Vorhaben gehört deshalb auch eine angemessene Begrifflichkeit, die nicht schon vorab darauf zugeschnitten ist, einfache Lösungen auszuschließen und auf spekulative Mittel zu setzen, wie dies einst mit Bezug auf das Thema Selbstbewusstsein im deutschen Idealismus versucht wurde.

Der Vorteil dieser Herangehensweise tritt in der Folge auch dadurch zutage, dass sich in weiteren Kapiteln – in der Gesamtlinie realitätsgebunden, nach Möglichkeit aber deduktiv – solche Argumentationsstränge ausarbeiten lassen, in denen Aspekte einer gereifteren Vernunftentwicklung einschließlich eines geklärten Willens zum Vorschein kommen. Jeder dieser Stränge stellt zugleich eine Überprüfung und im positiven Fall eine Rechtfertigung und Erweiterung der Ausführungen des 1. Kapitels dar. Die Tragfähigkeit der Ursprungsgedanken lässt sich solchermaßen Schritt um Schritt unter Beweis stellen. Die Reihenfolge der Kapitel wurde dabei so gewählt, dass sie einer typischen Vernunftentwicklung möglichst nahe kommt.

Vorab aber schien es vertretbar, im 2. Kapitel eine erste Zuordnung des hier realisierten Entwurfs zu einigen philosophischen Lehrrichtungen der Gegenwart vorzunehmen. Das erleichterte in der Folge die Einfügung vergleichender Hinweise. Gründlichere Beachtung findet in diesem Zusammenhang die in Jahrzehnten kontinuierlich erweiterte und vertiefte Lehre des Münchner Philosophen Dieter Henrich. Der Leser kann die Lektüre dieses Teils des Kapitels allerdings zunächst aufschieben, ohne dass dadurch der Verständlichkeit des Ganzen Abbruch getan würde. Die ausführlichere Darstellung der Theorie Henrichs schien jedoch geboten, weil anders der Eindruck entstehen könnte, die hier vertretene Selbstbewusstseinstheorie sei zu grobschlächtig, um einen Tiefgang bis in uneingeschränkt metaphysische Bereiche hinein nachvollziehen zu können. Andererseits schien es aber auch geboten, die Leser dieser Arbeit darüber zu informieren, dass es einen anderen philosophischen Weg gibt, der allein schon um seiner subtilen Fortführung und Verfeinerung der Ansätze des deutschen Idealismus willen etwas Einmaliges ist.[1]

---

[1]   Der Verfasser hat in seinen ersten sechs Semestern von 1965 bis 1968 die Vorlesungen und Seminare Henrichs in Heidelberg so weit irgend möglich besucht und schuldet ihm bleibenden Dank.

1. Kapitel

Zum Ursprung von Wahrheit und Freiheit

Manche Themen der Philosophie sind uralt und bleiben doch aktuell. Das gilt u.a. von der Frage nach dem Verhältnis von Theorie und Praxis: Darf sich Theorie anheischig machen, gleichsam die bessere Praxis zu sein, oder ist Theorie der Praxis nachgeordnet? Um darüber Klarheit zu gewinnen, gilt es vorab zwei grundsätzlichere Fragen zu klären: Sind Wahrheit und Freiheit voneinander unabhängige Ideen oder stehen sie in ursprünglichem Zusammenhang? Von Theorie zu reden, hat jedenfalls nur Sinn, wenn es theoretische Geltung, d.h. wenn es Wahrheit gibt. Und von Praxis zu sprechen, wäre eher befremdlich, wenn es keine Freiheit gäbe, etwas in dieser oder jener Weise zu tun oder auch es zu lassen.

Stellt man vor dem Hintergrund erfahrbarer Zusammenhänge die Frage, wer die Ideen von Wahrheit und Freiheit aufgebracht haben mag, kann die Antwort nur lauten: der Mensch. Sowohl im empirischen als auch im philosophischen Sinne muss ein Bewusstsein, das solches zu denken vermag, über ein Selbstbewusstsein verfügen, was im Deutschen mit dem Wort „ich" bekundet wird. Lange suchten Philosophen die unbestreitbare Einsicht des Einzelnen, welche in Gedanken wie „ich bin" oder „ich denke" evident aufleuchtet, aufzuklären in der Hoffnung, dass man so entscheidende weitere Erkenntnisse gewinnen müsse. Der maßgebliche Denker der Gegenwart, der dieser Fragestellung neue Aktualität gegeben hat, ist der schon erwähnte Philosoph D. Henrich. Er kam jedoch nach ähnlichen früheren Hinweisen einmal mehr in dem Spätwerk „Denken und Selbstsein" zu dem Ergebnis, dass das Problem Selbstbewusstsein nicht bzw. nicht ohne metaphysische Zusatzannahmen lösbar sei.[2] Die Schwierigkeit resultiert vor allem daraus, dass man zu seiner Auflösung von der Rückwendung eines Denkens auf sich selbst ausging, von „Reflexion". Es zeigte sich indes, dass

---

[2] Dieter Henrich, Fichtes ursprüngliche Einsicht, Frankfurt 1967; sowie: Denken und Selbstsein, Frankfurt 2007.

diese in der dazu erforderlichen umfassenden Form immer schon Selbstbewusstsein voraussetzt.

Diese Aporie lässt sich aber vermeiden, wenn man zunächst auf die Entwicklungspsychologie setzt und von Bewusstseinsformen ausgeht, die noch kein Selbstbewusstsein aufweisen. Das geschieht in der Folge, wozu vorab an die ersten Sätze der 2. Auflage von Kants „Kritik der reinen Vernunft" erinnert sei: „Dass alle unsere Erkenntnis mit der Erfahrung anfange, daran ist gar kein Zweifel... Wenn aber gleich alle unsere Erkenntnis mit der Erfahrung anhebt, so entspringt sie darum doch nicht alle *aus* der Erfahrung."[3]

Drei grundsätzlich unterscheidbare Formen von Bewusstsein

In der Folge wird sich zeigen, dass es gewichtige Gründe gibt, drei Formen von Bewusstsein zu unterscheiden:

A) schlichtes Bewusstsein ohne explizites Selbst, das lediglich ein körperbedingtes Selbstgefühl einschließt, welches als solches aber offen ist für vielfältige Ausdifferenzierungen.

B) Bewusstsein, dessen Selbstgefühl sich zum „*Körperselbst*" konkretisiert hat und bei wenigen Tier-Arten sowie bei Kindern im 2. Lebensjahr nachweisbar ist.

C) Zum *Selbstbewusstsein* gelangtes Selbstgefühl, das nur bei Menschen ab einem Alter von ca. zwei Jahren auftritt und eine lebenslange geistige Entwicklung ermöglicht.

Auf der physischen Seite ist ein zentrales Nervensystem für alle Formen von Bewusstsein unerlässlich. Die Dichte der Gehirnverschaltung weist erhebliche Unterschiede insbesondere bezüglich der Großhirnrinde auf. Das entwickelte menschliche Gehirn, so schätzen Neurologen, ist etwa 300 mal dichter verschaltet als das von Individuen der Form A und etwa dreimal dichter als das von Schimpansen, die an der Spitze von Form B stehen. Zu beachten ist überdies, dass das Gehirn neugeborener Kinder nur in Ansätzen verschaltet ist und dass ihr Cortex erst nach Jahren seine volle Ausbildung einschließlich des Abbaus nicht benötigter Neurone erreicht. Hinzu kommt, dass Wahrnehmungsformen wie Sehen, Hören und Tasten je nach Bewusstseinstyp eine unterschiedliche Rolle spielen: Während der Mensch lernen muss, sie Schritt um

---

[3] Immanuel Kant, Kritik der reinen Vernunft, S. B 1.

Schritt mit seinen Körperbewegungen zu koordinieren, scheint dies bei Tieren nur für jeweils eine Wahrnehmungsform zu gelten: in der Regel das Sehen. Die übrigen sind für den anfänglichen Gebrauch – oft sogar sehr weitgehend – vorprogrammiert.

Die Vielfalt der Erscheinungsformen von Bewusstsein des Typs A spricht dafür, dass bereits auf dieser sinnlich-motorischen Ebene das bewusste Verhalten nicht einfach mit dem Begriffspaar Reiz und Reaktion zu beschreiben ist.[4] Wo Bewusstsein vorliegt, ist es mehr oder weniger offen für neue Erfahrungen, auf die im Zweifel auch mit variablen Kombinationen von Reaktionen „geantwortet" werden kann und deren Bewältigung wiederum dem Selbstgefühl neue Ausrichtungen gibt. Zum Fortgang dieser Untersuchung gehört es, dass die unterschiedliche Offenheit für neue Erfahrungen auf ein Spektrum von Entwicklungsschritten des Bewusstseins schließen lässt, die allerdings noch nicht das als körperbedingtes Selbstgefühl bezeichnete vage Zentrum des Bewusstseins durch Konkretisierung auf eine höhere Ebene anheben können. Das wiederum lässt auf eine *periphere Reflexivität* schließen. Sie erlaubt es dem jeweiligen Individuum bei vergrößerten Speicherkapazitäten seines Gehirns mittels seiner *Einbildungskraft* unter anderem, gegenwärtige Zustände auf von den Sinnen erfasste frühere Zustände und Abläufe zurück zu beziehen, mit ihnen zu vergleichen und sein Verhalten darauf einzustellen.

Von größtem Interesse sind, darauf aufbauend, die Übergänge zu den höheren Bewusstseinsformen mit konkreten Zentren. Dazu hat der große Schweizer Forscher Jean Piaget mit der entwicklungspsychologischen Forschung an (seinen) Kindern von der Geburt bis ins zweite Lebensjahr und der Unterscheidung von sechs Stufen sogenannter „Zirkulärreaktionen"[5] Maßstäbe gesetzt. Er stieß auch auf die Selbstidentifizierung des Kindes im Spiegel, ohne

---

[4]   So schreibt Karl Popper: „… die Reflextheorie, nach der alles Verhalten dem Reiz-Reaktions-Schema unterliegt, ist falsch und sollte aufgegeben werden. Organismen sind Problemlöser und Erforscher ihrer Welt." In: Karl R. Popper, John C. Eccles: Das Ich und sein Gehirn, S. 177.

[5]   Vgl. vom Verfasser: Freiheit des Denkens: Ursprung und Konsequenzen, S. 54ff.

jedoch die Rolle des dadurch bestätigten „Körperselbsts" angemessen zu erfassen.[6]

Von Tieren mit Körperselbst sind Untersuchungen zur Entwicklung der Jungtiere nicht bekannt geworden. Ein Grund dafür, dass diese Einsicht für die Tiere nicht sonderlich schwer zu gewinnen ist, dürfte darin liegen, dass hier das Sehvermögen die Schlüsselkompetenz darstellt. Der Schritt zur Kenntnis der Gestalt des je eigenen Körpers, also die Konstitution des Körperselbsts, dürfte dank der Fortschritte der Einbildungskraft mit der Speicherung der Erscheinungen konkreter Objekte und ihres Standortes im Langzeitgedächtnis („*Objektpermanenz*") einhergehen. Ermöglicht wird dies offenbar vor allem durch erweiterte Speicherkapazitäten und die größere Dichte eingehender Informationen, die konkreten Erscheinungen zugeordnet werden. Im Bewusstsein dieser Tiere, die sich z.B. Verstecke genau merken, entstehen quasi Vorläufer einer (bildlichen) Objektwelt, der sich die Tiere zuordnen.

Anders als sonstige physische Objekte, die kausal determiniert sind, lässt sich der je eigene Körper aber nicht einfach als Einheit erfassen und fügt sich auch nicht uneingeschränkt in Kausalzusammenhänge ein. Zur frühen Konstitution des Körperselbsts bedarf es deshalb der Interaktion mit Artgenossen, evtl. aber auch anderen Tieren, die eine Art Komposition eines *Selbstbilds* ermöglicht, was sich dann im Schattenwurf, im Spiegelbild auf Wasserflächen usw. bestätigen mag. Diese Konstitution kann als Rückgang vom Bedingten zur Bedingung interpretiert werden, der somit schon im sinnlich-motorischen Kontext aufkommt. Nach philosophischen Kriterien *dient hier der Körper ganzheitlich dem Bewusstsein als Grund*. Das Tier selbst hat indes von seiner Physis nur eine differenziertere bildliche Kenntnis samt dem entsprechenden Körpergefühl aber kein Wissen. Indem aber der nun vermeinte Körper vom Bewusstsein als Einheitsgrund *genutzt* wird, hat dies größte Vorteile: Dadurch lassen sich neue Spielräume bei der Interaktion mit Artgenossen und allgemein für Versuch und Irrtum inklusive erstem Werkzeuggebrauch erschließen. Eine neue Stufe der *Reflexivität* ist erreicht, die im Unterschied zu der erwähnten peripheren

---

[6]   Jean Piaget, Das Erwachen der Intelligenz beim Kinde, 5. Aufl. Stuttgart 2003, S. 57ff.

Reflexivität auf den je eigenen Körper des Individuums zurückbezogen ist.

Die Sonderstellung menschlicher Intelligenz

Vergleicht man die dargelegte Entwicklung mit der des Kleinkindes, wird bald deutlich, dass dessen heranreifendes Gehirn noch ganz andere Schritte erlaubt. Zunächst hat das kindliche Bewusstsein insofern weit mehr zu bewältigen, als es die Koordination aller Gliedmaßen usw. erlernen muss. So ist es schon eine größere Aufgabe, dass das Kind die kleinen Hände in seinem Sehfeld zu fixieren und zu dirigieren lernt. Überall muss es Bewegungen in bewussten Akten steuern, das neu Erlernte zur Routine bringen und im nichtdeklarativen Gedächtnis abspeichern. Das, was „richtig" und „falsch" heißt, ist Teil einer Lebenspraxis, die auch schon höheren Tieren nicht völlig fremd ist. Das Kind muss sich aber auch seine Lernvorgänge zeitweilig merken können. Das schrittweise Erlernte ist die Basis für begründetes Vorgehen. *Der Rückgang vom Bedingten zur Bedingung, also zum Grund, wird langsam „selbst-verständlich".*

Ist mit etwa einem Jahr die Selbstidentifizierung als Körper, d.h. das Körperselbst erreicht, dient bald der Vorname zur Selbstbezeichnung. Vorm Spiegel zeigt sich, dass dieses Körperselbst schon hoch differenziert ist, so dass Kleidung, Frisur usw. im Rahmen der Kommunikation mit dem Kind thematisiert werden können. Und die Differenzierung geht weiter, so dass das Körperselbst zur Durchgangsstufe zu einem anderen wird, das in allen bewussten Tätigkeiten präsent ist: das *identische Bewusstsein* mit seinen gezielten Aktivitäten und Erinnerungen. Durch diesen impliziten Wandel des Selbstverständnisses tritt der Gebrauch des Vornamens zur Selbstbezeichnung zurück. Das Kind empfindet eine Dissonanz. Es übernimmt – anfangs eher probeweise, Erwachsene imitierend – mit rund zwei Jahren den Terminus „ich", unter dem sich alle Kenntnisse von eigenen Bewusstseinsaktivitäten zusammenfügen und der alsbald weit differenziertere Formen der Mitteilung eigener Befindlichkeiten, Handlungen oder Wünsche erlaubt.

Mit den so erweiterten Kommunikationsmöglichkeiten stößt das Kind auch auf neue Formen der (meist liebevollen) *Anerken-*

nung durch die Bezugspersonen. Diese bezieht sich nicht nur auf theoretisches Selbstidentifizieren in dem Wort „ich", sondern auch auf erste Formen von Handeln und sittlicher Einsicht (z.B. „ich will" und „ich darf") wie daneben auf Formen des Gestaltens bzw. auf Aspekte der eigenen Gestalt. *Im frühen „ich"-Gedanken verbinden sich mithin theoretische, praktische und ästhetische Momente in homogener Evidenz.* Alle drei sind dabei offenbar unerlässlich.

Bevor die Dynamik dieser Entwicklung weiterverfolgt wird, sollte das erreichte Stadium etwas genauer untersucht und eingeordnet werden. So wird dem Kind schnell in der Praxis klar, dass es mit dem „ich" einen Grundaspekt aufgetan hat, der ihm jederzeit zur Verfügung steht, um den herum sich immer weitere Erinnerungen abrufen lassen und der anderen signalisiert, dass dieses Kind den Anspruch auf Anerkennung als *Person* hat. Philosophisch gesehen liegt in der Selbstidentifizierung als „ich" eine nicht falsifizierbare Einsicht; sie kann nicht falsch sein.

Zusammengefasst stellt sich das Selbstbewusstsein nun als *Selbstzentrierung des Bewusstseins* dar, die – anders als das Körperselbst – keinen Gegenstand unter Gegenständen meint, sondern eine spezifische, komplexe Aktivität der Psyche, welche dazu einen *Gedanken* hervorbringt, der als solcher *virtuell*, keineswegs aber eine bloße Fiktion ist. Er ist zwar zunächst nur physisch basiert, aber gleichwohl – wie sich zeigen wird – im Gesamtzusammenhang wirkmächtig. Die Komponenten dieser komplexen Aktivität lassen sich natürlich nicht mehr gegeneinander isolieren, ohne dabei „die komplexe Gesamttatsache" vorauszusetzen, wie Henrich hervorhebt.[7] D.h. auf dieser Stufe lässt sich Selbstbewusstsein nicht mehr erklären. Dazu bedarf es, wie gezeigt, des Nachvollzugs seiner Genese.

Die Virtualität des „ich" und die eigenständige Evidenz der darin liegenden Einsicht heben sie aus allem Kausalzusammenhang heraus. Mit dem tatsächlichen Gedanken „ich" wird zugleich die jeweils aktuelle Aktivität im Bewusstseins-Umfeld bewusst. Der eingeübte Rückgang vom Bedingten zur Bedingung, d.h. zum *Grund*, also die Selbsterkenntnis der neu entstehenden Vernunft, kommt in der Evidenz des Selbstbewusstseins zum Abschluss. Es gibt kein „Dahinter". Dem Kausalzusammenhang enthoben zu sein

---

[7]   Vgl. Henrich, Denken und Selbstsein, Frankfurt 2007, S. 34.

aber ist eine *Freiheitsbedingung*. Diese Ebene, die aller Erfahrung vorausliegt und Bedingung der Möglichkeit von Erfahrung ist, wird seit Immanuel Kant treffend *transzendental* genannt. Eine Geltung hat sie ausschließlich mit Bezug auf die Erfahrung. Keinesfalls darf deshalb davon ausgegangen werden, sie sei „transzendent".

Die Tatsache, dass das „ich" nur im Gebrauch hervortreten und dass nur der weitere Gebrauch die Einheit des Bewusstseins sichern kann, schließt aus, dass dafür die Elemente der sinnlich-motorischen Intelligenz ausreichen. Die *rationale Ebene* tut sich auf, die nicht ohne den transzendentalen Kern „ich" als solche Bestand haben könnte. Das Ganze ist damit ein Fall von *Emergenz*, der erst die Evolutionslehre von Charles Darwin schlüssig macht. Das „ich" erweist sich – im Bündel seiner Erinnerungen – als für alles Weitere ausschlaggebender, transzendentaler *Begriff*. Empirisch lässt sich das dadurch untermauern, dass das Kind fortan seine frühe Sprache – vom „ich" her – neu ordnet und nun die ersten vertrauten Worte *als Begriffe* in Sätzen zu nutzen beginnt (im Sinne Kants, der Begriffe als Prädikate möglicher Urteile erkannt hatte). Frühere Kenntnisse werden auf ihre Verlässlichkeit geprüft, bei Bestätigung begrifflich fixiert und als *Wissen* im semantischen Gedächtnis abgespeichert. Damit zusammenhängend zeigt sich, *dass Selbstbewusstsein in frühen Jahren um seiner Aufrechterhaltung willen immer neuer Bestätigung bedarf.*

Denken gründet im Selbstbewusstsein

Die Aktivität aber, um die es sich dabei handelt, ist das *Denken*. Es differenziert sich aus auf der Basis des mit dem Selbstbewusstsein entstehenden Mediums, der *Sprache*. Nur sie ist dem Selbstbewusstsein adäquat, nur in ihr lässt sich der Geltungsanspruch (ob theoretisch, praktisch oder ästhetisch) *nach dem Vorbild der Selbstbewusstseins-Einsicht und aus ihr hervorgehend* artikulieren, wobei dieser Geltungsanspruch praktisch nur in Sätzen zum Ausdruck gebracht werden kann. Nachdem sich so gezeigt hat, dass das Selbstbewusstsein am Anfang allen Denkens steht und dessen Voraussetzung ist, wird klar, warum eine bloße Reflexion des Denkens, die die Herkunft des „ich" erhellen will (s.o.), in einen Zirkel gerät.

Das Denken *gründet* vielmehr im Selbstbewusstsein. Letzteres erweist sich als der *Schlüssel zum Denken*.[8]

Wie wichtig das so verstandene Denken für das Selbstbewusstsein ist, zeigt sich auch daran, dass das bloße „ich" kein wirklich selbstständiger Gedanke ist. Wer versucht, einfach nur „ich" zu denken, der hört praktisch auf zu denken. Das bedeutet, dass sich das „ich" erst im Denken voll realisiert und dauerhaft stabilisiert. Denken und „ich" bilden eine Einheit, die man durchaus als „das Ich" bezeichnen kann. Mit Bezug auf dieses gleichsam arrondierte Ich kann man dann auch mit Popper sagen: „Das Ich ist fast immer aktiv. Die Aktivität des Ich ist ... die einzige echte Aktivität, die wir kennen. Das aktive, psychophysische Ich ist der aktive Programmierer des Gehirns ..."[9]

Indem sich aber dieses Denken dank der Verankerung im „ich" alle Einflüsse durch Selbstprüfung vergegenwärtigen kann[10], ist es prinzipiell frei. Das Kind muss sich dieser Freiheit jedoch erst bewusst werden. Auf dem Wege dahin muss es u.a. Zeit und Raum durchgängig zu unterscheiden lernen, was ihm in der Regel erst etwa im Alter von sieben Jahren gelingt.[11] Allgemein aber gilt: Insofern alles Wollen, also der *Wille* (als praktische Seite der Vernunft), wesentlich Denken ist, ist auch der Wille frei, ohne deshalb kausaler Einflüsse eo ipso enthoben zu sein.[12]

---

[8] Schon hier liegt es nahe, von diesem Zusammenhang aus auf den Aufbau des gereifteren menschlichen Gehirns zu schließen: Für das Denken kommen nur solche Nervenbahnen in Betracht, die sich erst viele Monate lang nach der Geburt entwickeln, und die *spezifische* Leistungsfähigkeit *dieser* Bahnen müsste sich physisch nachweisen lassen.
Die Tatsache aber, dass nicht benötigte Neurone später wieder abgebaut werden, spricht für die Vermutung, dass eine bessere frühe Förderung des Kindes demselben mehr Möglichkeiten erschließen könnte. Beispiele solcher Förderung, die z.T. auch fragwürdig gewesen sein dürfte, gibt es insbesondere mit Bezug auf die Nutzung und Weiterentwicklung kindlicher Musikalität.

[9] Popper, a.a.O. S. 156.

[10] Vgl. dazu Kants Aufsatz „Was heißt: sich im Denken orientieren?".

[11] Vgl. dazu „Freiheit des Denkens: Ursprung und Konsequenzen" m.w.N.

[12] Schon hier sei darauf hingewiesen, dass eine detailliertere Betrachtung der weiteren geistigen Entwicklung des Kindes auch Anlass hat, den Schritt vom frühen Wollen zu einem geklärten oder gar abgeklärten Willen gesondert zu betrachten. Vgl. dazu das 7. Kapitel.

Wahrheit und Freiheit – implizit gesetzt

Man kann nun die Aspekte aufdecken, die ein Kind zusammenbringt, wenn es wenige Monate nach dem erstmaligen Gebrauch des „ich" das Wort „wahr" benutzt: Den Terminus führen Bezugspersonen ein, nachdem sie zuvor schon seinen Sinn für „richtig" und „falsch" – ob explizit oder implizit (konkludent) – geschärft hatten. Das Wort „wahr" aber muss explizit eingeführt werden, denn es geht darum, dem Kind die begriffliche Orientierung an der Realität zu vermitteln. Die Bezugspersonen nehmen dazu auf ein Drittes Bezug, das auch eine körperliche Befindlichkeit des Kindes sein kann. Einfach dadurch, dass es den Schritt zum Denken einmal getan hat, vermag es in der Regel schnell, ein Sprechen über die Sprache, also „metasprachliche" Äußerungen, in seiner Funktion zu durchschauen, ohne deshalb die objektsprachliche Ebene ganz verlassen zu müssen und dadurch das eigentliche Objekt aus dem Sinn zu verlieren. Seine selbst formulierten Sätze genügen nach solchem Klärungsprozess bald immer besser den Anforderungen der Artikulation theoretischer Geltungsdifferenz, d.h. der Wahrheit.

Eine knappe philosophische Überlegung betreffend dasjenige, was sich so abspielt, macht mit Bezug auf den Begriff der Wahrheit drei Strukturelemente durchsichtig: Das Kind bezieht sich offenbar *aus eigener Einsicht* einerseits auf eine Tatsache („Korrespondenz") und stimmt sich damit zugleich auf den Sprachgebrauch der Bezugspersonen ein („Konsens"). Indem es die Geltung seiner Einsicht konstatiert, bestätigt (und bekräftigt) sich immer neu der Horizont, der ihm von der evidenten Geltung seines Selbstbewusstseins her vorgezeichnet ist. Da das alles aber den Anforderungen eines *Gedächtnisses* hinsichtlich Widerspruchsfreiheit und möglicher übergreifender Zusammenhänge genügen muss, ist zu *Korrespondenz* und *Konsens* auch die *Kohärenz* aller Erkenntnisse gefordert: Frühere Erfahrungen wollen einbezogen sein. Kein Wunder, dass Kinder frühen Forschergeist entwickeln. Insgesamt zeichnen sich damit schon alle Elemente der heutigen *Kohärenztheorie der Wahrheit* ab. Auf der Basis dieser Wahrheit aber erschließt sich dem Kind fortschreitend die geistige Dimension.

Man kann zur Kontrolle – von den erwähnten drei Strukturelementen zurückgehend auf das „ich" – die Frage aufwerfen, ob und inwiefern hier schon die drei Elemente sozusagen in nuce vorhanden sind. Da wäre also das Wort „ich", das das Kind von Bezugspersonen zunächst probeweise übernimmt und das sich alsbald mit Bedeutung erfüllt. Es ähnelt nämlich dem in der Psychologie bekannten Aha-Effekt, wenn das Kind anfangs nur probeweise z.B. sagt „ich esse Kuchen", sich dann aber mit der Erklärung „ich mache Krach" usw. schon deutlich sicherer fühlt. Wenn es also spürt, was es heißt, eigenes Tun *als eigenes* zu begreifen – dann ist in dieser Hinsicht mehr Selbstverständigung nicht zu erreichen. Die oben hervorgehobene eigene Einsicht ist hier verankert. Dabei ist dem Kind die Anerkennung der Richtigkeit seines Redens durch andere Personen gewiss, selbst wenn dies in Form einer Kritik an seinem bekundeten Tun zum Ausdruck kommt. Zum ursprünglichen sprachlichen Konsens mit Bezugspersonen tritt damit eine Korrespondenz, die dank der neuartigen Einsicht umgehend zur uneingeschränkten Selbst-Identifizierung und damit zur Identität des Ich wird. Die analoge Selbstidentifizierung aller vernunftbegabten Menschen sichert eine sprachübergreifende Kohärenz. Zusammengefasst bedeutet dies, dass jeder vernunftbegabte Mensch von seinem „ich"-Gedanken her einen unmittelbaren Zugang zu elementaren wahren Aussagen hat, die nicht falsifizierbar sind. Man könnte sie auch als „Urwahrheiten" bezeichnen, an denen sich alle weitere Wahrheitssuche ausrichtet. Auch das bereits erwähnte Sprechen über die Sprache hat darin seine gesicherte Basis.

Wahrheit und Freiheit, so zeigt sich, werden in Selbstbewusstsein und aufkommendem Denken implizit gesetzt. In der Kommunikation mit Bezugspersonen wird die Wahrheit bald zum Begriff. Nur so findet das Denken in seine Spur. Die Freiheit kann dagegen schon Jahre – quasi verdeckt – verfügbar sein, bevor sie als solche gedanklich fixiert wird. Sie kann im Übrigen für die wichtigen Lebensfunktionen des Kindes in den frühen Jahren auch noch gar kein Thema sein. Durchaus vergleichbar mit den Jungen höherer Tiere ist dieses Leben entscheidend geprägt durch die Abhängigkeit von den Eltern, beim Menschen vorrangig von der Mutter. Die enorme Bedeutung, die beim Kind auch der ganzen Entwicklung der Psyche zukommt, spricht deshalb dafür, dass erfahrene frühe Liebe und Güte für lange Zeit eine viel größere lebenspraktische Bedeutung haben als die erst viel später zu begreifende Freiheit.

Die Wahrheit hat, wie beschrieben, ihr Urbild in der Evidenz des Selbstbewusstseins, und die Freiheit resultiert aus der Möglichkeit des Denkens, in Rückbeziehung auf das evidente Selbstbewusstsein Einflüsse aller Art aufzudecken und dazu auf Distanz zu gehen, um eigenen Handlungsgründen zu folgen. Über die Erkenntnis der eigenen Freiheit tut sich dem Menschen schließlich die Sicht auf sein ganzes Leben auf, das es zu führen gilt.

Wahrheit und Freiheit, bewusst erfasst, besitzen zugleich intersubjektive Relevanz: Sie müssen sich im Prinzip mit der Wahrheit und der Freiheit aller Denkenden vereinbaren lassen. Theorie und Praxis sind damit als gleichursprüngliche vorgezeichnet. So ist das Subjekt gerade in seiner Vereinzelung als Ich offen für das Allgemeine und letztlich für das Leben insgesamt. Da sich das Denken nach dem hier Ausgeführten nicht ohne sprachliche Basis denken lässt, begrenzt die Unterschiedlichkeit von Sprachen allerdings den Gedankenaustausch von Subjekten faktisch in z.T. extrem einschneidender Weise.

2. Kapitel

Transzendentaler Ansatz im Vergleich

Der bis hierher durchgeführte komprimierte Argumentationsgang lässt sich relativ leicht gegen andere philosophische Systemansätze abgrenzen, so dass seine eigenständige Positionierung erkennbar wird. Da wären vorab all solche Entwürfe zu nennen, die positivistisch oder mit empiristischem und sprachanalytischem Hintergrund von vornherein die Möglichkeit transzendentaler Einsichten und entsprechender Aussagen bestreiten. Dazu zählen auch solche Theorien, die menschlichem Erkenntnisvermögen allenfalls „transzendentalpragmatische" Einsichten zugestehen wollen.[13] Sie alle müssen letztlich auch bestreiten, dass das menschliche Selbstbewusstsein zugleich als Faktum und Prinzip oder auch als *Grundtatsache* anzusehen ist. Zusätzlich müssen sie – offen oder verdeckt – einen Wahrheitsbegriff voraussetzen, der sich in keiner übergreifenden Theorie absichern lässt.

Als eigenständig erweist sich der hier vertretene Ansatz auch mit Blick auf all solche Systeme, die eine „allgemeine Metaphysik" (metaphysica generalis) oder auch „Ontologien" einschließlich „Fundamentalontologien" darstellen, welche ganz oder weitgehend auf eine Subjekttheorie verzichten oder (vergeblich) die Subjekttheorie auf spekulative Theoreme zu gründen versuchen. Nur beispielhaft kann dazu zunächst Hegels „Phänomenologie des Geistes" erwähnt werden, deren Anspruch dem hier erhobenen in gewisser Hinsicht ähnelt, aber weit mehr zu leisten verspricht. Man kann jedoch die Kapitel „Bewusstsein" und „Selbstbewusstsein" des frühen Hegelschen Werkes immer wieder studieren, wie dies schon viele Interpreten getan bzw. versucht haben. Es gelingt indes nicht zu durchschauen, welche elementaren, konkret aufweisbaren Sachverhalte hier einen Anfang bilden, so dass in der Folge aufgezeigt würde, wie es schließlich zum Selbstbewusstsein und zur Vernunft kommt. Statt beobachtbare Sachverhalte zu bieten, greift Hegel

---

[13]   Nähere Ausführungen hierzu finden sich im folgenden Kapitel unter dem Punkt „Alternative im Diskurs?".

vermeintliche Momente des menschlichen Geistes wie „sinnliche Gewissheit" oder „das Bewusstsein als reines Ich" heraus, deren Legitimation zunächst nur fiktiv sein kann, und bietet dann einen weit eher verdunkelnden als erhellenden Beweisgang an, der allerdings die Notwendigkeit der Anerkennung durch anderes Selbstbewusstsein hervorhebt. Ansonsten erreicht die Argumentation eigentlich nur das, was implizit schon vorausgesetzt war.

Zum Abschluss der Einführung von „Die Wahrheit der Gewissheit seiner selbst" im Kapitel „Selbstbewusstsein" heißt es in Hegels „Phänomenologie": „Das Bewusstsein hat erst in dem Selbstbewusstsein, als dem Begriffe des Geistes, seinen Wendungspunkt, aus dem es aus dem farbigen Scheine des sinnlichen Diesseits und aus der leeren Nacht des übersinnlichen Jenseits in den geistigen Tag der Gegenwart einschreitet."[14] Wer demgegenüber – im Sinne des hier durchgeführten Ansatzes – bereit ist zuzugestehen, dass schon das zweijährige Kind zum Selbstbewusstsein gelangt, dem reduziert sich das transzendente „übersinnliche Jenseits" auf die versuchsweise Setzung eines (werdenden) Begriffs, nämlich des „ich" durch das Kind. Die nüchterne Analyse des Prozesses stößt so auf eine *transzendentale* Bestimmung, wie sie für die Philosophie Kants charakteristisch ist.

Die kurze Erinnerung an den frühen „Beweisgang" Hegels zum Selbstbewusstsein kann dazu genutzt werden, auch einen Vertreter der Frankfurter Schule zu erwähnen: Axel Honneth, Nachfolger von Jürgen Habermas in Frankfurt, nutzt die Hegelsche „Phänomenologie" als Grundlage für seine Intersubjektivitätstheorie. Er zitiert dazu auch die erwähnte „leere Nacht des übersinnlichen Jenseits". In seinen Augen liegt aber das eigentliche Gewicht der Argumentation im Gedanken der *Anerkennung* des Subjekts durch andere, die allerdings von Hegel als notwendige Bedingung des Selbstbewusstseins „inszeniert" werde[15]. Der Sozialphilosoph lässt auch nicht erkennen, dass das Selbstbewusstsein in seinen Augen ein Problem ist, das der Lösung bedürfte.[16]

In der Reihe solcher Theorien, die – wie diejenigen des deutschen Idealismus – spekulative Aspekte einführen, um dem

---

[14] G.W.F. Hegel, Phänomenologie des Geistes, PhB Hamburg 1952, S. 140.
[15] Axel Honneth, Das Ich im Wir, Berlin 2010, S. 30.
[16] Weitere Ausführungen zu Honneth finden sich im 8. Kapitel.

menschlichen Geist gerecht werden zu können, stellt in der Gegenwart die Theorie D. Henrichs vielleicht die fortgeschrittenste dar, auch weil er Jahrzehnte lang alle bedeutenden philosophischen Lehren gründlich daraufhin geprüft hat, welche Argumente hier weitertragen könnten. Deshalb scheint nunmehr ein Abgleich mit den wichtigsten Grundlagen seiner Werke „Denken und Selbstsein" sowie dem späteren, umfassend ausgearbeiteten „Sein oder Nichts"[17] sinnvoll, auch weil sich so die hier entwickelten Argumente bewähren können.

„Nur in Gedanken erschlossen"

Vorab lohnt sich dazu ein Blick auf das, was Henrich vom Denken feststellt, das oben als hervorgehend aus dem aufkommenden Selbstbewusstsein erkannt worden war. Er schreibt, dasjenige, was „einen Gedanken zwingend macht", werde nicht etwa aus dem verständlich, „was in irgendeiner Weise als gegeben vorliegt". Anders sehe es aus „bei den Gedanken, die wir von uns selbst fassen. ... wir wären gar nicht wir selbst, wenn wir nicht in Gedanken leben würden, von denen wir wissen, dass sie Gedanken von uns selbst sind. Insofern muss in diesen Gedanken immer schon wirklich gefasst sein, was sie zum Inhalt haben. Dann aber kann man sagen, dass Gedanken sogar geradezu ausmachen, was wir sind."[18] Ohne dass damit über die Lösung des Problems Selbstbewusstsein Entscheidendes gesagt wäre, folgert Henrich aus der Analyse des Zusammenhangs Denken – Gedanke, dass „Denken nicht auf die Anstrengung des Problemlösungsverhaltens oder auf irgendeine intelligente Aktivität beschränkt" werden darf, „die man einleiten oder auch beenden kann". „Die Welt, in der wir uns finden" und letztlich auch „unser Verhältnis zu uns selbst" sei „nur in Gedanken erschlossen."[19]

Das spricht dafür, dass hier wie in unserem Ansatz das Selbstbewusstsein sozusagen als die Gemarkung des Denkens und der Gedanken beschrieben wird. Auch für Henrich gilt damit offenbar, dass das Selbstbewusstsein in *allem* Denken gegenwärtig ist. Das

---

[17] Henrich, Sein oder Nichts, München, 2016.
[18] Ders. Denken und Selbstsein, S. 21.
[19] Ders. a.a.O.

wiederum dürfte die Erwägung nahelegen, dass die Unterscheidung zwischen Denken und Gedanke keineswegs strikt – etwa im Sinne von „Noesis" und „Noema" bei Edmund Husserl[20] – erfolgen kann. Im denkend geformten Gedanken muss die Gewissheit zu denken präsent bleiben. Ein diszipliniertes bzw. von bestimmten Gedanken eingenommenes Denken mag zwar von seiner eigenen Aktivität zeitweise „absehen" können, es kommt aber bei jedem Nachlassen der Anspannung sogleich auch auf sich selbst zurück, z.B. um nun seine „Gedanken zu ordnen" usw. Das bedeutet wiederum nichts anderes, als dass die virtuelle Selbstzentrierung des Bewusstseins Schwerpunkte setzen kann, ohne dabei von ihrem innersten Kern, dem „ich", gänzlich absehen zu können. Jedweder „ich"-Gedanke realisiert offenbar die Reflexivität *allen* Denkens.

Hält man sich vor Augen, dass es sich bei dem Buch Henrichs um insgesamt fünf – später ausgearbeitete und z.T. erweiterte – Vorlesungen handelt, die in den Jahren 2003 bis 2005 in Weimar gehalten wurden, wird verständlich, dass der Autor nicht alles ausführlich begründen und schon gar nicht mögliche Alternativen mit den Gründen ihres Scheiterns ausbreiten kann. Es hat allerdings nach dem soeben diskutierten Aspekt den Anschein, dass auch seine Kernargumentation Fragen offen lässt, deren Beantwortung die Möglichkeit einer Vertiefung seiner Analysen zur Folge haben dürfte. Vor diesem Hintergrund müsste dann wohl auch die folgende Bemerkung überprüft werden: „Die Philosophie bewegt sich an den Grenzen derjenigen Erkenntnisweisen, innerhalb deren definitive und damit auch verbindliche, dann aber immer auch nur partiale Ergebnisse zu erreichen sind. Umso mehr Aufmerksamkeit muss sie darauf wenden, ihre Perspektiven als solche zu bewähren. Ein Weg, der dazu führen kann, ist der, die Perspektive in immer neuer Variation und Anwendung einleuchtend zu machen".[21]

Es versteht sich für diese Vorgehensweise Henrichs wohl von selbst, dass auch vermutete Grenzen verbindlicher Erkenntnisweisen des Nachweises bedürftig sind. Von größter Bedeutung ist dabei, inwieweit der Autor den Anspruch auf Verbindlichkeit mit Bezug auf seine Behandlung des Problems Selbstbewusstsein ein-

---

[20] Edmund Husserl, Ideen zu einer reinen Phänomenologie usw., Den Haag 1950, Bd. 1, S. 216ff.
[21] Henrich, Denken und Selbstsein, S. 22.

löst. Diese Erwartung erscheint besonders angesichts der folgenden Erklärung berechtigt: „In der heutigen Vorlesung steht die Subjektivität des Subjekts ... als elementares Wissen von sich ... im Vordergrund."[22] Man muss bei solcher Erwartung allerdings konzedieren, dass der Rahmen einer Vorlesung nicht Anlass sein kann, all das zu präsentieren, was der Autor über viele Jahre zum Problem Selbstbewusstsein zutage gefördert hat.

„Gebrauch des Indexwortes ‚ich' nicht zu erlernen"

Tatsächlich fasst er sich hier sehr knapp, indem er in Abgrenzung gegen zwei Einlassungen anderer Philosophen (Hans Reichenbach und Peter Strawson)[23] klarstellt, dass sich der Gebrauch des Indexwortes „ich" nicht erlernen lässt, wenn nicht bei dem Lernenden vorab „das Wissen um sich" vorhanden ist. Daraus verstehe sich „im Übrigen auch, dass Kinder den Gebrauch von ‚ich' so spät beherrschen lernen. Das Kind gelangt nicht mit diesem Gebrauch in ein Selbstverhältnis. Es gibt *anderen* kund, dass es in ihm steht und dass es nunmehr auch dies versteht, von seinem Selbstverhältnis her zu sprechen. Der ‚ich'-Gebrauch setzt also ein indirektes, ein reflektiertes Verhältnis zum eigenen Wissen von sich voraus."[24]

Damit wird der Unterschied dieses Lehrstücks zu demjenigen besonders deutlich, was oben im 1. Kapitel dargelegt worden war. Tatsächlich könnte nach unserer Untersuchung die philosophische Frage nach dem Aufkommen des Selbstbewusstseins sogar relativ weitgehend erfahrungswissenschaftlich beantwortet werden. Es käme nur darauf an, die Entwicklung von Kindern in der entsprechenden Lebensphase um die Vollendung des zweiten Lebensjahres herum genau zu beobachten, wobei alle Äußerungen einschließlich Gestik usw. einzubeziehen sind[25]. Das Kind, das in seinem fortschreitenden, vielseitigen Differenzierungsprozess immer mehr auf sprachliche Äußerungen bedacht ist, erprobt das mutmaßlich von mehreren Personen gehörte Indexwort selbst und erzielt damit sehr schnell Erfolge in der Verständigung wie auch in der *Selbstver-*

---

[22] A.a.O. S. 24.
[23] A.a.O. S. 28.
[24] A.a.O. S. 30.
[25] Vgl. vom Autor: Freiheit des Denkens: Ursprung und Konsequenzen, Würzburg 2015. S. 67ff.

ständigung, die es bald so etwas wie eigene Souveränität empfinden lassen. Der beginnende „ich"-Gebrauch ermöglicht somit erst schrittweise „ein reflektiertes Verhältnis zum eigenen Wissen".[26] Das evidente Selbstbewusstsein ist der durch den Rückgang vom Bedingten zur Bedingung gefundene *Grund*, in dem das Bewusstsein seiner selbst inne wird. Das Kind vermag diese Stufe wohl nur dadurch zu nehmen, dass es schon auf sinnlich-motorischer Basis – also gänzlich vorrational – den Rückgang vom Bedingten zur Bedingung in unterschiedlichen Formen einübt.[27] Dazu gehört vor allem die Einsicht in die *Objektpermanenz*, die überhaupt erst das Wahrgenommene erklärlich macht.

Henrich verzichtet im Gegensatz zu solchen Überlegungen auf den Versuch einer Rekonstruktion der Genese der kindlichen Vernunft und wählt in den folgenden Sätzen eine eher gegenläufige Betrachtungsweise. „Subjekte können also nur ein Dasein füreinander haben, indem sich ihr jeweils eigenes Für-mich-Sein unmittelbar in ein Medium übersetzt, in dem es einem anderen Subjekt als anderes Für-sich-Sein zugänglich wird, ohne dass es deren eigenes Für-Mich-Sein werden muss. Daraus ergibt sich einer der Gründe dafür, dass Subjekte auch als Körper und im sprachlichen Austausch wirklich sind."[28] Das wirkt so, als ob es Sache des Subjekts sei, seine eigene physische Basis zu konstituieren. Der von der Entwicklung des Kindes ausgehende Ansatz zeigt demgegenüber, dass die Herausbildung eines Selbstbewusstseins nur durch den Aufstieg von der sinnlich-motorischen Basis aus zu erklären ist. Durch diesen Ausgang von den Anfängen her aber stellte sich zugleich heraus, dass das Selbstbewusstsein ein Art Schlusspunkt bildet. Andernfalls nämlich müsste seine Evidenz wieder in Frage gestellt werden. Darauf wird nochmals zurückzukommen sein (s.u.).

Aus den bislang dargelegten Aspekten der Henrich'schen Theorie[29] geht freilich gar nicht hervor, dass hier das Selbstbewusstsein

---

[26] Da es auch einfachere Sprachen gibt, die kein dem „ich" entsprechendes Wort kennen, müsste sich übrigens empirisch nachweisen lassen, dass eine differenziertere Selbstverständigung und Verständigung mit anderen, die auch psychischer Feinheiten gerecht zu werden vermöchte, dadurch enorm erschwert wird.

[27] Vgl. Freiheit des Denkens, Kapitel zu Jean Piaget, S. 53ff.

[28] Henrich, a.a.O. S. 32.

[29] A.a.O. S. 22ff.

hergeleitet werden sollte. Eher schon deutete sich an, dass Gründe angeführt werden, die für die Unzugänglichkeit seiner Herkunft sprechen. Eindeutig wird dies aus der folgenden Bemerkung: „Zwar ist deutlich gemacht worden, dass das Wissen um sich eine Grundtatsache ist. Aus ihr ist auch Aufschluss über viele Implikationen des Subjektsinnes zu gewinnen. Aber man erreicht diese Tatsache nur in einer reflektierenden Besinnung – nicht so, dass man sie etwa von irgendwoher entwickelt, dass man sie sich aus Komponenten und Konstitutionsbedingungen erklärt hätte oder dass man den Prozess nachvollzieht, in dem sie sich selbst ausbildet."[30] Und wenig später heißt es: „Von den Komponenten, die sie (d.h. die Grundtatsache) einschließt, kann man aber nur so sprechen, dass man dabei die komplexe Gesamttatsache immer bereits voraussetzt. Diese Analyseresistenz ist deshalb nur die andere Seite des Umstandes, dass es sich um eine Grundtatsache handelt, von der zugleich eingestanden werden muss, dass sie nicht einfach ist."[31]

Im Vergleich mit diesen sehr theoretischen Ausführungen, die allerdings teilweise (wie Henrich selbst zugesteht – s.o.) bloß in Thesenform eingeführt werden, erscheint der hier vorgelegte, entwicklungspsychologisch-transzendentalphilosophische Ansatz wesentlich schlichter und lebensnäher. Dort jedoch, wo konkrete Konsequenzen ausgebreitet werden, die im Zusammenhang mit jener Grundtatsache von philosophischer Relevanz sind, finden sich so manche Übereinstimmungen der beiden Ansätze, die hier allerdings nicht im Einzelnen aufgezeigt werden müssen. Anders sieht es aus mit einem Grundgedanken, den Henrich mit seiner Auffassung zur Selbstbewusstseinsthematik zu verbinden sucht. Den Plan stellt er in einem Absatz dar:

Selbstgewissheit ohne Selbstrepräsentation?

„Es soll dargelegt werden, wie der Ausgriff auf ein Ganzes in vielerlei Weise aus der Grundverfassung eines Wesens hervorgeht, das von sich selbst weiß. Es soll weiter gezeigt werden, dass sich dieser Ausgriff dann in einer letzten Gestalt ausprägt, wenn das Ganze darauf hin konzipiert ist, dass es den, der auf es ausgreift, selbst

---

[30] A.a.O. S. 34.
[31] A.a.O.

auch in sich einbegreift – und zwar gerade mit dem, in dem er sich selbst zugleich auch entzogen ist. Die Beziehung auf ein letztes Ganzes steht darum gerade dort in Frage, wo sich das im Wissen von sich selbst vollziehende Leben selbst in Frage stehen sieht. Damit ist dann auch gesagt, dass die Verständigung über die Beziehung zwischen der Verfassung des Subjekts und der Frage nach einem letzten Ganzen davon auszugehen hat, dass die Selbstgewissheit im Denken die Selbstpräsentation dessen keineswegs impliziert, der in solcher Art von sich weiß. Es ist vielmehr umgekehrt zu zeigen, dass beide einander sogar geradezu ausschließen."[32]

Dieses Ausschließungsverhältnis, so die weitere Darlegung, lasse sich schon in der Philosophie René Descartes' nachweisen. Dessen berühmtes Theorem lautet bekanntlich: „Cogito ergo sum" oder auch „sum cogitans". Henrich interpretiert diese Formel von dem vorhergehenden *Zweifel* des Cartesius her, der jedoch in seiner Schlussfolgerung nicht das Verb „dubitare", sondern „cogitare" benutzt hat. „Die Gewissheit ist daran gebunden, dass der Zweifel vollzogen wird", schreibt Henrich. Deshalb verbinde sich „mit der Selbstgewissheit im Dasein das Wissen von *Grenzen* im Wesen dessen, der in solcher Selbstgewissheit steht. Dies Dasein steht nicht in der Sicherheit eines solchen, der aus ihm selbst begründet ist, und jedenfalls fehlt ihm ganz offenbar jene Fülle, von der jeder Zweifel ausgeschlossen sein würde."[33]. Das Argument soll, so wohl die Absicht Henrichs, offenbar dadurch größere Plausibilität gewinnen, dass das „cogitare" Descartes' als „zweifeln" und nicht etwa als „denken" verstanden wird.

Am Beispiel des cartesischen Gottesbeweises wird in der Folge angedeutet, wie ein letztes Ganzes gedacht werden müsste, um daraus auch das Selbstbewusstsein des Menschen hervorgehen zu lassen. Danach könnte „in Gott als unendliche Substanz sogar die Ursache dafür" gesetzt werden, „dass wir es vermögen, unserer selbst bewusst zu sein."[34] Die Skizze des Argumentationsganges läuft auf eine exemplarische Gedankenfigur hinaus: „In dem Denken ..., das sich auf das konzentriert, was wir wirklich von uns wissen, werden wir über uns selbst hinausgeführt und gelangen zu

---

[32] A.a.O. S. 23.
[33] A.a.O. S. 25.
[34] A.a.O.

einem Ganzen, das uns ebenso überragt, wie es uns ein Leben ermöglicht, das wir frei in der Erfahrung dieses Ganzen führen können.“[35] Henrich, der schon in seinen frühen Arbeiten im ontologischen Gottesbeweis ein philosophisches Kapitel erkannt hat, das keineswegs erledigt sei[36], nimmt das überkommene Theorem in „Denken und Selbstsein“ wieder auf: „Diese kleine cartesianische Étude sollte zu einer Orientierung darüber dienen, was in den folgenden Vorlesungen dem modernen Denken als Grundfigur zugeschrieben werden soll. Diese Grundfigur bildet sich aus dem Verhältnis heraus, kraft dessen die Subjektivität in der mit ihrer Selbstgewissheit verbundenen Selbstentzogenheit zu einem Ganzen steht, wobei sie sich dies Ganze nur unter der Bedingung ihrer Selbstentzogenheit vergegenwärtigen kann.“[37]

Der letzterwähnte Gedanke erreicht in „Denken und Selbstsein“ erst in der 5. Vorlesung die angestrebte Reife, wobei die praktische Philosophie unter besonderer Berücksichtigung der Freiheitsproblematik dem Autor die entscheidenden Ergänzungen erlaubt. Ohne den Aspekt der Praxis bereits hier aufgreifen zu müssen, wird das Ziel des ganzen Ansatzes nun vollends sichtbar: Da soll einsichtig gemacht werden, dass „das Denken zusammen mit der Subjektivität auf einen Grund des Selbstseins Bezug nehmen darf, welcher der Subjektivität zugleich entzogen ist.“ Konkreter heißt es wenig später: „Der gesamte Prozess der Subjektivität des Menschen muss zu einer Dimension in Beziehung gesetzt werden, die in seinem Selbstbewusstsein und für seine Erkenntnis nicht erschlossen ist und die doch mit dem Selbstsein dessen, der sich seiner selbst bewusst ist, in einer für es konstitutiven Verbindung steht.[38]

Da der Gedanke „Selbstsein“ offensichtlich zu fassen ist, deutet der Genetiv der Wendung „Grund des Selbstseins“ auf die *Suche* nach einem Grund für das Selbstsein. Dafür spricht auch der Hinweis im Vorwort, wonach der Mensch „ins Nachdenken über sein Selbstsein gezogen“ wird (S. 9). Der Titel des Buches weist in dieselbe Richtung: „Selbstsein“, so kann man wohl interpretieren,

[35] A.a.O. S. 26.
[36] Ders.: Der ontologische Gottesbeweis, Tübingen 1960, S. 263ff.
[37] Ders.: Denken und Selbstsein, S. 26f.
[38] A.a.O S. 338, 339.

muss der Mensch denken, ohne mit diesem Gedanken auch den Grund dieses Selbstseins erfassen zu können. Nur so ist das Selbstsein „der Subjektivität zugleich entzogen".

Daraus soll dann auch transparent werden, „warum ein zureichender Grund auf die Wirklichkeit der Freiheit nicht in direktem Zugriff auf das Freiheitsproblem zu gewinnen ist". Man könne „zu einem solchen Gedanken nur gelangen und ihn dann auch hinreichend befestigen, wenn zuvor ein weiter Weg der Verständigung über die Subjektivität im Selbstsein, über den ihr entzogenen Grund und über die Weisen der Beziehung zu ihm zurückgelegt worden ist", schreibt Henrich. Ergänzend sollte erwähnt werden, dass er klarstellt, den „Sinn von Freiheit als Selbstbestimmung" nur „in Beziehung auf das sittliche Bewusstsein entwickelt" zu haben. Die „Freiheit der Selbstbestimmung" sei „etwas anderes als absolute Verfügungsmacht. Sie ist endliche Freiheit auch dadurch, dass sie nur unter Umständen wirksam werden kann."[39]

Man kann mit Bezug auf das Werk „Denken und Selbstsein" erhebliche Anstrengungen unternehmen, um die Schlüssigkeit der Ausführungen zu durchschauen. Ein Erfolg will sich insoweit aber nicht einstellen. Und der Autor sieht das wohl auch selbst so, denn er weist schon einführend darauf hin, dass in den fünf Vorlesungen „alle Begründungen nicht ausgeführte Beweise, sondern nur Skizzen sein können."[40] In den „Nachbemerkungen" erklärt er dann, er hoffe, „die Aufgabe noch in Angriff nehmen zu können, diese Skizze in anderer Form und möglichst vollständig auszuführen. Die Gedanken über ein Absolutes in einer Beziehung zu Endlichem und die Überlegungen über den Status solcher Gedanken sowie dazu, in welchem Sinne sie wahrheitsfähig sind, müssen ein eigenes Unternehmen ausmachen ..."[41] In dem letzten großen Werk „Sein oder Nichts – Erkundungen um Samuel Beckett und Hölderlin" hat er diese Aufgabenstellung wieder aufgenommen.

---

[39] A.a.O. S. 340/342.
[40] A.a.O. S. 22.
[41] A.a.O. S. 379.

Beckett und Hölderlin als Wegweiser?

In dem im Jahr 2016 erschienenen Buch scheint Henrich nicht mehr nur „an den Grenzen derjenigen Erkenntnisweisen" zu agieren, „innerhalb deren definitive und damit auch verbindliche, dann aber immer auch nur partiale Ergebnisse zu erreichen sind" (s.o.). Es entsteht der Eindruck, dass ihm seine Forschungen betreffend die beiden Dichterphilosophen Samuel Beckett und Friedrich Hölderlin bezüglich eines letzten Ganzen die nötige Klarheit verschafft haben.

Eine paradoxe Ausgangskonstellation von zwei einander offenbar ausschließenden Grund-Einsichten – „Sein *oder* Nichts" – wird dabei durch eine ausgedehnte Interpretation beider Standpunkte dahingehend gedeutet, dass sie sich eher als „Sein *und* Nichts" zu einer Einsicht zusammenfügen, welche ein letztgültiges Ganzes aufscheinen lassen soll. „Hölderlin hatte als Grundorientierung die Voraussetzung eines in sich ungeschiedenen <Seins> als Aufhebung der Trennung begründet. Dagegen nannte Beckett <das Nichts> als letzthin einzig Wirkliches, weil es alles, was ist, in seinem <Fallen> und im Hingleiten zu einem Enden durchzieht", schreibt Henrich einführend. „Sein" und „Nichts" seien „Ausdrücke, deren Bedeutung schon im Alltagsgebrauch" zwischen mehreren Anspielungen „flimmert". Doch es sei klar gewesen, „dass sich mit diesen Worten Perspektiven für eine Verständigung über das Menschenleben verbinden", ohne dass der „Gegensatz" der beiden „aufgelöst" wird. Philosophie müsse über diesen Gegensatz „hinausdenken".[42]

Eine solche Anforderung an die Philosophie zeigt zugleich, dass der Autor nicht mehr nur Wege erkunden will, sondern einen bestimmten Weg eingeschlagen hat. Die aufgeworfene Frage um Sein und Nichts versetze „in die Mitte eines Problemstranges, der gerade die moderne Philosophie von Pascal über Hegel bis zu Heidegger und Sartre durchzieht. Ich war ihm zuvor aus mancherlei Gründen ausgewichen: Ich hatte den Grundsatz von Aristoteles im Sinn, dass <sein> in vielerlei Weise gebraucht wird, und war mir dessen bewusst, dass <Sein> nicht die Bestimmtheit der Rede von

---

[42]   Henrich, Sein oder Nichts – Erkundungen um Samuel Beckett und Hölderlin", München 2016, S. 8/9.

Gott oder der All-Einheit Spinozas erreichen kann. Zudem war klar, dass <nichts> gleichfalls in vielerlei Weise gebraucht wird und zudem in eine Paradoxie hineinziehen kann."[43] Wenn solchermaßen fest steht, dass der Autor sich mit dem „Hinausdenken" über den Gegensatz von Sein und Nichts „in der Mitte eines Problemstrangs" sieht, der auf eine weitgehende „Verständigung über das Menschenleben" hinausläuft, dann geht es ihm offenbar wirklich ums Ganze.

Die Rechtfertigung für das entsprechende Interpretationsziel betreffend den besagten Gegensatz der beiden Dichter in der Frage nach Sein und Nichts sieht der Münchner Philosoph in der hohen Wertschätzung Becketts für die Dichtung Hölderlins. Vor allem aber trete diese Wertschätzung in einer zuverlässig verbürgten Aussage zu Hölderlins Gedicht „Mnemosyne" zutage, von dem Beckett zu seiner Zeit nur die erste Strophe kannte. Die weiteren wurden wohl erst später aus dem Nachlass zugeordnet. Die Verse der Strophe (in der 3. Fassung) legen den Gang eines Lebens bedrückend dar: „Auf den Schultern" liege „eine Last von Scheitern". Eine Sehnsucht aber gehe immer „ins Ungebundene", heißt es u.a. Die letzten Verse lauten: „Vorwärts aber und rückwärts wollen wir / nicht sehen. Uns wiegen lassen, wie / auf schwankem Kahne der See." Beckett habe dieses schwierige Gedicht frei zitieren können und laut dem verbürgten Bericht die Worte angefügt: „Und dann das Nichts".[44]

Beide Autoren, so Henrich, seien „immer von der Last angetrieben und gelenkt" gewesen, „aus den Erfahrungen und den Evidenzen, die ihr Leben durchherrschten und bedrängten, zu einer gefestigten Selbstverständigung zu kommen."[45] „Über drei halbe Jahrhunderte voneinander getrennt" hätten beide, „immer begleitet von ihrer Art zu philosophieren, Werke geschaffen, die denen unvergesslich bleiben werden, die der Möglichkeit eines Menschenlebens nachgehen, das in einem unverstellten Bewusstsein seiner selbst zu führen und ebenso zu ertragen ist."[46] Doch es fragt sich, welche überzeugenden Einsichten aus der Entgegensetzung von

---

[43] A.a.O.
[44] A.a.O. S. 45.
[45] A.a.O. S. 39.
[46] A.a.O. S. 49.

Sein und Nichts hervorgehen sollen. Das kommt im II. Teil des Buches zur Sprache[47], in dem vorab geklärt wird, dass beide Termini auch eine eigene Bedeutung „im Kulturprozess" haben, dass sie aber „an den Rändern der alltäglichen Verständigungsart ein Gewicht gewinnen und dass dann von ihnen eine Wirkungskraft ausgeht, die von der Philosophie zwar einzuholen ist, aber nicht übertroffen werden kann.".

Ergänzend muss hier erwähnt werden, dass Henrich mit Bezug auf „Sein" und „Nichts" eine „Metaphysik" ins Spiel bringt, die „man auch die <natürliche> nennen" könne, „weil sie in der Vernunftnatur aller Menschen angelegt ist". Diese „spontane Metaphysik" könne jedoch „viel unvermittelter ... vor allem in religiösen Texten" zum Ausdruck kommen.[48] In einer Fußnote verweist er ergänzend auf einen üblichen Sprachgebrauch, wonach „grundsätzlich vier Weisen zu unterscheiden" seien, „in denen sich eine Metaphysik im Denken der Menschen ausbildet. 1.) Vorbegriffe von einem Ersten und Ganzen überhaupt; 2.) Gedanken, in denen diese Vorbegriffe konkretisiert und in die Erfahrungswelt von Kulturen umgesetzt werden; 3.) die rationale Metaphysik der Philosophie; sie entwickelt diese Gedanken so, dass sie alle die Gehalte und Beziehungen einschließen, die den Gedanken von einem Letzten und Ganzen (einem <Absoluten>) zuzuschreiben sind, und erörtert die Probleme, die er stellt; 4.) spekulative Umbildungen und Entfaltungen der Gehalte des Gedankens eines <Absoluten> ..." Damit steht also fest, dass Henrich hier auf eine rationale Metaphysik setzt, die mit Sein und Nichts Gedanken aufzuhellen verspricht, welche auf ein „Letztes und Ganzes", ein „Absolutes", hinführen.

Lösungsversuch Metaphysik

An diesem Punkt einer komprimierten Wiedergabe einführender Argumente des Denkers legt sich eine Bezugnahme auf den unsererseits entwickelten Ansatz nahe. Eine Metaphysik, die „in der Vernunftnatur aller Menschen angelegt ist", sollte jedenfalls dieser Natur gerecht geworden sein, soweit dies mit „vor-metaphysischen"

---

[47]   A.a.O. S. 52ff.
[48]   A.a.O. S. 56.

Erkenntnisinstrumenten möglich ist. Das gilt umso mehr, als das Selbstbewusstsein als selbstständiger Grund erwiesen wurde, in dem zugleich die Freiheit des Denkens immer neu verwirklicht wird. Dieses Selbstbewusstsein muss als *„transzendentaler Tatbestand"* aufgefasst werden, von dem aus der Philosoph auch auf Anlässe für spekulative oder „metaphysische" Theoreme stoßen mag. Ob sich diese dann – unter dem Vorbehalt der Freiheit des Menschen – zu Gedankengebäuden entwickeln lassen, welche ihn in seiner Freiheit zum Teil eines Ganzen und Letzten machen, bliebe abzuwarten.

Es ist – zumindest dem ersten Eindruck nach - nicht ganz auszuschließen, dass Henrich mit Bezug auf das Problem Selbstbewusstsein seine These von der Unauflösbarkeit desselben ein wenig modifiziert. Das kommt in folgender Aussage zum Ausdruck: Mit der „Faktizität des <ich bin> verbindet sich somit die Aufgabe, über ein komplexes Bezugsverhältnis Aufschluss zu geben, das zwischen der Konstitution des präreflexiven Selbstbezugs und jenem Selbstsein bestehen muss, das auf Wahrheit hin orientiert ist. Es steht noch immer aus, diese Aufgabe selbst luzide zu formulieren und allseitig abzuwägen."[49]

Dazu lässt sich wiederholen, was oben zitiert worden war: Von den „Komponenten", die die „Grundtatsache" Selbstbewusstsein „einschließt, kann man aber nur so sprechen, dass man dabei die komplexe Gesamttatsache immer bereits voraussetzt."[50] Ein neuer Aspekt scheint sich aber durch das Theorem des „präreflexiven" Selbstbezugs des Bewusstseins anzudeuten. Henrich hat dies von J.P. Sartre übernommen, der es in seinem Werk „L'Etre et le Neant" von 1943 eingeführt hatte. Für die Zwecke dieser Untersuchung genügt es zunächst, Henrichs Erläuterungen und Sartres Vorlage zusammenzufassen in der Formulierung, dass „präreflexives Bewusstsein" solches Bewusstsein sein soll, welches lediglich die elementarste Form von Reflexivität aufweist, um noch als Bewusstsein gelten zu können.

Henrich hat die diesbezügliche Argumentation des Existenzphilosophen knapp zusammengefasst: „Für Sartre ist diese ur-

---

[49]   A.a.O. S. 208.
[50]   Ders.: Denken und Selbststein, S. 34.

sprüngliche Form des <Für-sich> nicht einmal eine Vorgestalt von Personalität. Sie ist schwer zu charakterisieren; Sartre vergleicht sie einem Spiegel, der so beschaffen ist, dass er sich in sich selbst spiegelt. In seinem Hauptwerk hat er dann einen Übergang vom Elementar-Präreflexiven zur Ichheit und damit zur Persönlichkeit eingeführt. In dem Maße, in dem sich Beziehungen zwischen Situationen der Präsenz und anderen Situationen samt deren Bezug zu Gehalten der Welt aufbauen, entsteht eine präreflexive Selbstheit (ipséité), die persönliche Züge trägt und die Sartre <einen eigenen Grund der Nichtung> – also der Hervorgangs einer Differenz – nennt."[51]

Für den Vergleich mit dem hier vertretenen Standpunkt genügt es, vorerst[52] darzulegen, wohin Sartre mit seiner Ausgangsbestimmung steuert. So heißt es in der deutschen Übersetzung seines Hauptwerks „Das Sein und das Nichts" (von 1962): „Das Bewusstsein, das ich von dem Ich haben kann, erschöpft es in der Tat niemals, und es bringt das Ich auch nicht zur Existenz, es gibt sich stets als vor dem Bewusstsein *dagewesen seiend* – und zugleich mit der Tiefe, die sich allmählich enthüllen muss. Das Ego erscheint dem Bewusstsein somit wie ein transzendentes An-sich, wie ein Seiendes der menschlichen Welt, aber nicht wie Bewusstsein." Kritisch ist anzumerken, dass der Begriff des „präreflexiven Bewusstseins" einer gründlichen Herleitung bedürfte, um seine Anwendbarkeit auf real auftretendes Bewusstsein verständlich zu machen. Sartres Vorgehen erinnert an das oben erwähnte Verfahren Hegels, mit dem er in seiner „Phänomenologie" dem Problem Selbstbewusstsein glaubte gerecht werden zu können.[53]

Es mag verwundern, dass Henrich jetzt Sartres Sichtweise ohne plausible Erläuterung bevorzugt, statt eine eigene, Jahrzehnte zuvor entwickelte Analyse zu nutzen. Er hatte nämlich in dem Aufsatz „Selbstbewusstsein – kritische Einleitung in eine Theorie" in der Gadamer-Festschrift von 1970 festgestellt, es komme darauf an, Bewusstsein zunächst „so zu beschreiben, dass es weder bewusste Selbstbeziehung noch Identifikation mit sich ist, – jedoch

---

[51]   Ders.: Sein oder Nichts, S. 196.
[52]   Vgl. dazu auch das 11. Kapitel.
[53]   Jean-Paul Sartre, Das Sein und das Nichts, Hamburg 1962, S. 159. Mehr zu Sartre s.u. 11. Kapitel.

zugleich so, dass zugestanden bleibt, mit Bewusstsein unmittelbar vertraut zu sein …"[54]. Immerhin lag von solchem Vertrautsein aus der Schritt zum Selbstbewusstsein nahe. Das von Sartre übernommene „präreflexive Bewusstsein" dagegen scheint einen erklärenden Übergang zum Selbstbewusstsein geradezu auszuschließen.[55]

Dazu sollte vielleicht die folgende Textpassage hinzugezogen werden: „Niemand kann sich etwas darunter vorstellen, wie er durch eine Erfahrung zum ersten Wissen von sich selbst gelangen könnte. Sie mag den spontanen Übergang zum Selbstsein im Wissen von sich auslösen, bringt ihn aber nicht selbst zustande. Somit wird das Ganze, in dem ich von mir weiß, eine ganz andere Verfassung als der Totaleindruck einer Szene oder eines Bildes haben. Dennoch könnte man also wohl erwägen, ob sich die Selbstbeziehung auf uns in unserem Verstehen ursprünglich und stets innerhalb eines größeren, eines integrierten Zusammen*hangs* vollzieht, der aus keinerlei Zusammen*setzung* hervorgeht."[56]

Der erste Satz erschiene plausibel, wenn da nicht auch die mit dem Selbstbewusstsein gesicherte Einsicht in das Selbstbewusstsein des Anderen gegeben wäre, die zugleich das werdende Selbstbewusstsein des Kindes zu beurteilen gestattet. Diesen Aspekt blendet Henrich aus wie überhaupt das damit verbundene Erfahrungsspektrum der Entwicklungspsychologie. Für gesichert hält er aber, dass eine Erfahrung den spontanen Übergang zum *Selbstsein* im Wissen von sich „nicht selbst zustande" bringen kann, sie könne diesen Übergang allenfalls „auslösen". Hier ist das „Selbstsein" offenbar als grundlegend beansprucht. So spricht viel dafür, dass der Autor um des Vorrangs des Selbstseins bzw. des „ich bin" willen, das „ich denke" gleichsam zurückstuft. Dabei hatte er ja doch in „Denken und Selbstsein" geschrieben, man könne „sagen, dass Gedanken sogar geradezu ausmachen, was wir sind."[57]

Der Argumentationsgang des Werkes macht diese Sichtweise verständlich. Sein und Nichts sind als grundlegend zu erachten. „Der Grund für die Unabweisbarkeit der Gedanken von <dem Sein> und <dem Nichts> ist aufzuweisen, ohne die Unbestimmt-

---

54   Hermeneutik und Dialektik, Hrsg. R. Bubner et. al., Tübingen 1970 S. 275.
55   Vgl. dazu auch im 11. Kapitel: „Sartres Wahrheits-Argument".
56   Henrich, Sein oder Nichts, S. 384.
57   Ders.: Denken und Selbststein, S. 21.

heit dieser Gedanken abstreiten zu müssen", skizziert Henrich Anforderungen an seine nachfolgende Theorie. „Die Gedanken von Sein und Nichts" seien „nicht allein als Grundbegriffe innerhalb einer philosophischen Theoriebildung zu betrachten. Zwar gelten sie fälschlich als einfach und unhintergehbar elementar. Aber ihre Genesis vollzieht sich im Bereich eines vortheoretischen Denkens. Sie bilden sich in einem Prozess der Reflexion aus, der sich spontan vollzieht – allem abwägenden Prüfen und Argumentieren voraus."[58]

Es kann hier nicht darum gehen, alle folgenden filigranen Gedankengänge nachzuvollziehen. Knapp gesagt: Sein und Nichts sollen zwingend in eine Metaphysik hinüberleiten. Ihre konkrete Bedeutung muss aber erst noch mit Blick auf dieses Ziel eruiert werden. So muss vor allem das Nichts Becketts erst solchermaßen umgedeutet werden, dass es nicht ganz einfach nur den Ausschluss von allem bedeutet. Ohne das Faktische des „Ich denke", so Henrich, „muss man von der Möglichkeit ausgehen, dass gar nichts der Fall sein könnte".

„Umgekehrt kann der Gedanke vom Inbegriff alles Denkbaren gegenüber der Faktizität des <Ich denke> hervorgehoben und fixiert sein. Dann ergibt sich der Gedanke von allem überhaupt. Er schließt alles ein, was von dem Subjekt wirklich zu denken ist, ohne aber auf es eingeschränkt zu sein. In diesem Inbegriff muss auch eingeschlossen sein, was dem zugrunde liegt, dass das faktische <Ich denke> eintritt". Die „Gedanken von Sein und Nichts" nehmen ihren Ausgang vom „Ich denke". Sein und Nichts erweisen sich daher als „Korrelate". Ihre eigentliche Grundlage aber soll der Gedanke „Ich bin" sein. „Doch sie stehen in diesem Bewusstsein <Ich bin> einander nicht nur als Gehalte von Gedanken gegenüber, denen das Denken des Subjekts zugewendet ist. Das faktische Subjekt, das kraft des Gedankens <Ich bin> als dieses Subjekt hervortritt, verhält sich zu dem, was ist und was sein kann, nicht nur als eine Art von Beobachter und Berichterstatter. Es muss sich selbst als eingegliedert in diesen Inbegriff verstehen. Dazu hat es auch insofern schon angesetzt, als es seine Faktizität nur verstehen kann, wenn es über sich hinausdenkt."[59]

---

[58] Henrich, Sein oder Nichts, S. 148.
[59] A.a.O. S. 155ff.

Da es nicht das Anliegen dieser Betrachtung sein kann, allen Verästelungen der Henrich'schen Theorie zu folgen und so das eigene Ziel aus den Augen zu verlieren, sprechen gute Gründe für einen Ausstieg an genau diesem Punkt: Von hier aus wird nämlich deutlich, wie das – aus der Sicht Henrichs – rein als solches nicht erklärbare evidente Selbstbewusstsein durch den Ausgriff auf ein Höheres (letztlich ein Absolutes) in einer metaphysischen Erklärung gesichert werden soll. Und indem das reale Subjekt sich als umfasst vom Inbegriff (des bloß Gedachten) denken muss, soll offenbar auch dem Inbegriffenen das volle Sein gesichert werden.

Es bedarf keiner langatmigen Ausführungen, um zu erhärten, dass die unsererseits vorgelegte Selbstbewusstseinstheorie einen solchen Ausgriff auf ein Ganzes nicht erforderlich macht und dass der Ausgriff, wie schon angedeutet, die Evidenz des Selbstbewusstseins unter Bedingungen und damit sogar wieder in Frage stellen müsste. Auch wenn dem unerfahrenen Subjekt vieles entzogen zu sein scheint oder vielleicht zunächst entzogen ist, kann hier doch nicht von *prinzipiellen* Hürden die Rede sein. Es ist einzig das ideelle Moment der virtuellen Selbstzentrierung des Bewusstseins, also das „ich", welches gleichsam den Pol bildet, zu dem alles andere in Beziehung gesetzt und damit im Prinzip erkennbar wird. Auch alles, was man hier z.B. als natürliche Befangenheit bezeichnen könnte, lässt sich mittels kritischer Methoden objektivieren.[60]

---

[60] Siehe dazu auch unten 5. Kapitel.

3. Kapitel

Grundbegriffe im frühen Gebrauch

Nachdem eine kurze Übersicht über gängige philosophische Ansätze einschließlich einer näheren Betrachtung des Systementwurfs Henrichs eine Positionierung der hier vorgelegten Theorie des Selbstbewusstseins aufgezeigt haben dürfte, müssen in der Folge weitere Schritte der Durchführung diese Theorie auf ein breiteres Fundament stellen und sie so besser absichern. Grundlegende Fragestellung ist es dabei, wie die Rationalität des Kindes in die Spur findet. Gesichert im Sinne eines klaren Wissens ist zunächst das Selbstbewusstsein, also das „ich". Mit ihm lässt sich quasi punktgenau bestimmen, wo das je eigene Denken des Menschen einsetzt. Die Bedeutungs-Erfüllung des von Bezugspersonen übernommenen Indexwortes (vgl. 1. Kapitel), die es schon bald zu einer „komplexen Gesamttatsache" (Henrich) werden lässt, macht es zum ersten wirklichen Begriff der werdenden Vernunft. Die Aufrechterhaltung seiner Geltung bedeutet dem Kind alsbald so etwas wie Selbstbehauptung.

Bevor allerdings die Frage der Gewinnung weiterer Grundbegriffe anzugehen ist, sollte festgehalten werden, dass schon die elementarste Selbstverständigung eine Seite hat, die in ästhetische Aspekte überleitet, weil sie sich u.a. im weitesten Sinne an Gestalten orientiert. Begriffe jedoch, die hier ins Grundlegende zielen und klare Abgrenzungen erlauben, liegen nicht offen zutage – schon gar nicht für eine werdende Vernunft. *Maßgebliche* ästhetische Perspektiven dürften sich zunächst mit Bezug auf Antlitz, Sprachklang und Gesamtgestalt von Bezugspersonen ergeben, denen später das Bild des eigenen Körpers folgt, der in wichtigen „Hinsichten" nur im Spiegel zu sehen und dann im Ganzen als Körperselbst zu erfassen ist, was erst die Herausbildung des Selbstbewusstseins ermöglicht. Physische Gestalten samt vertrauten Klängen einschließlich der Sprachklänge mögen dem Kind gefallen oder es vielleicht auch abschrecken, aber eine begriffliche Erfassung des ästhetisch Entscheidenden findet hier nicht statt. Die Region des Ästhetischen bleibt solchermaßen weitestgehend unbestimmt und ist doch auch so schon für die Entstehung der Vernunft wichtig.

Die Zwischenüberlegung zur Relevanz des Ästhetischen gibt Anlass, die Frage aufzuwerfen, welches denn überhaupt das Kriterium für die Herausbildung bzw. Vermittlung weiterer Grundbegriffe sein müsste. Als ein solcher hatte sich zunächst nur das Selbstbewusstsein erwiesen, weil seine Geltung in der Evidenz der konkreten Einsicht gründet. Man kann hier auch vom ursprünglichsten *Wissen* sprechen, in dem zwei Momente impliziert sind, die nach sprachlicher Ausdifferenzierung *„ich denke"* und *„ich bin"* lauten. Aber indem eine solche Ausdifferenzierung zusätzlicher Begriffe („denken" und „sein") bedarf, wird die Frage nach dem entscheidenden Kriterium nur noch dringlicher.

Die faktische Basis für den entsprechenden gedanklichen Schritt liegt nun darin, dass das Kind schon längst gewohnt ist, sich mit Hilfe eines lebenspraktischen Wortschatzes mit seinen Anliegen usw. bemerkbar zu machen. Die Eignung der Worte für eine Verständigung hat sich ihm teils dadurch gezeigt, dass es „aufgeschnappte Brocken" mit Erfolg selbst ausprobiert oder dass ihm Bezugspersonen Bezeichnungen usw. vermittelt und die richtige Übernahme bestätigt haben. Bald stehen dann die benutzten Worte oder auch Wortverbindungen mitunter stellvertretend für regelrechte Sätze, insofern sie nämlich Geltung beanspruchen. Die Art dieser Geltung kennt man übrigens z.T. schon von tierischem Verhalten. So kann z.B. der Hund mit seinem Gebell auf etwas Bestimmtes aufmerksam machen. Erst fortgeschrittenere kindliche Äußerungen, die Urteilsform annehmen, lösen Reaktionen der Art aus: „richtig", „das stimmt" und schließlich „das ist wahr". Selbst wenn Bezugspersonen die Verwendung von „wahr" nicht schon explizit eingeführt haben, soll dem Kind offenbar das besondere Gewicht seiner Äußerung klargemacht werden. Es fühlt sich durch die Bestätigung zugleich anerkannt.

Man kann zwecks Erhellung dessen, um was hier es hier geht, den überkommen Begriff „Urteilskraft" benutzen: Er hebt lediglich die auf Urteile ausgerichtete Aktivität der Vernunft hervor. Dem Kind wird also mit den Worten „das ist wahr" eigene Urteilskraft im theoretischen Sinne attestiert. Voraussetzung derselben ist das Selbstbewusstsein mit seiner evidenten, nicht falsifizierbaren

Geltung. Ohne von dieser, für es selbst *unbedingten* Geltung zu *wissen*, richtet das Kind seine Aufmerksamkeit auf diesen oder jenen Gegenstand, auf gegenständliche Zusammenhänge, Vorgänge usw. Dabei bündelt die Aufmerksamkeit die darauf bezogenen, schon früher erworbenen Kenntnisse und zugleich auch das in der homogenen Evidenz des Selbstbewusstseins entstandene erste begriffliche Wissen. Dies anzuwenden und sich in einer sprachlichen Synthese zu üben, ist immer auch ein Stück Selbstverständigung, das mit der Anerkennung durch die Bezugsperson(en) Bestätigung findet. Die *Geltung* des Selbstbewusstseins wird zum *Maßstab* der Urteilskraft. Im Vordergrund steht dabei die Geltung in theoretischer Hinsicht, die *Wahrheit*. Ohne sie kann sich keine Sprache entfalten. Kein weiterer Begriff – ob grundlegend oder nicht – ließe sich als solcher ohne sie rechtfertigen.

So muss denn davon ausgegangen werden, dass sich von der Grundtatsache des Selbstbewusstseins aus zuvörderst die *Idee der Wahrheit* erschließt. Die konkrete Wahrheit des Selbstbewusstseins ist der einzige, herausragende Fall der Realisierung dieser Idee. Ohne Selbstbewusstsein verliert „Wahrheit" jeden Sinn. Insofern erreicht die Evolution des Lebens nach heutigem Erkenntnisstand mit dem *Menschen* die Stufe, auf der Leben seiner selbst im Vollsinne inne zu werden vermag.

Beim Kind laufen in dieser Phase so manche Entwicklungen parallel. Nachdem z.B. das „ich" die früheste Selbstidentifizierung mit Hilfe des Vornamens abgelöst hat, beginnt es ein Verständnis dafür zu entwickeln, dass Benennen und Begreifen gegeneinander abzugrenzen sind. Fragt man Kinder im dritten Lebensjahr nach einer entsprechenden Aussage ihrerseits: „Wer ist <ich>?", nennen sie ihren Vornamen. So lernen sie bald auch zu unterscheiden, welches Wort ein Name und welches ein (inhaltlich oft noch „auffüllungsbedürftiger") Begriff ist. Jedenfalls steht fest: Werden z.B. die Wörter „Auto" oder „Hund" anfangs vielleicht noch als Namen missverstanden, erledigt sich dieses Missverständnis schnell, wenn weitere ähnliche Fahrzeuge als „Auto" und entsprechende Tiere als „Hund" bezeichnet werden. Indem aber solche Begriffe in der Regel noch andere Eigenschaften ihrer Objekte umfassen – einschließlich möglicher Bezüge zu anderen Objekten –, kommt zur Korrespondenz von Begriff und Gegenstand schrittweise und kaum bemerkt auch die Kohärenz ins Spiel. Sprachlicher Konsens, Korrespondenz und Kohärenz sind dem Kind folglich implizit als Aspekte des Wahrheitsbegriffs bald verfügbar, obwohl sie zusammen explizit kaum je erwähnt werden.[61]

Was auf diese Weise gedanklich vorangebracht wird, spielt im Übrigen auch mit Bezug auf das Subjekt selbst eine bedeutsame Rolle und wird so zugleich weiter entfaltet. In Begriffe gefasste Einsichten über den eigenen Körper, seine Gestalt und seine Befindlichkeiten einschließlich Schmerzempfindungen usw. werden mit Bezugspersonen kommuniziert und je nach Bedarf genauer differenziert. Damit steht ein weiterer Typ von Begriffen im Zusammenhang, solcher nämlich, die das jeweils eigene Handeln verständlich machen. Die letzten Überlegungen lassen keine definitive Aussage darüber zu, ob das Kind zuerst ein Verständnis von seinem Wollen als solchen hat oder ob dies vom bloßen Denken gilt. Jedenfalls stößt es beim Unterscheiden seiner diversen Aktivitäten – gefördert durch die Kommunikation mit anderen Personen – auch auf eigene psychische Aktivitäten, darunter in Sonderheit das Denken und das Wollen. Die Reflexivität des Denkens entfaltet sich dabei einfach im Gebrauch, ohne als solche sogleich durchschaut werden zu müssen. Dank ihrer verfügt das Denken über eine enorme Beweglichkeit. Das Kind kann mit der Zeit Argumente vergleichen, verschiedene Argumentationsstränge verfolgen usw.

Unter den frühen Begriffen treten auch die Aussagen wie „ich will" und „ich tue (dies oder jenes)" hervor. So kommen langsam ein *Wille* und eine Aktivität zum Ausdruck. Ersterer wird nach einer eingängigen Formulierung auch als „handlungsleitendes Streben" beschrieben.[62] Jede Aktivität setzt offenbar einen solchen Willen voraus. Ungeachtet der Frage, was in concreto gewollt wird, stellt das „ich will" eine eigenständige Ausrichtung des *Denkens* dar. Ist erst ein Denken in Gang gekommen, fügt sich dem zunächst dieses oder jenes Wollen ein, an welches sich das Menschenkind zeitweise erinnert. Solche Erinnerungen erhalten aber erst dann einen eigenständigen Rang, wenn unter Einbeziehung der Einbildungskraft allmählich ein Bündel entsprechender Kernerin-

---

[61] Vgl. 1. Kapitel.

[62] Vgl. Oswald Schwemmer: *Wille*, in Enzyklopädie Philosophie und Wissenschaft, Hrsg. J. Mittelstrass.

nerungen im engen Zusammenhang mit dem „ich" geprägt wird, auf das das Bewusstsein reflektierend immer wieder zurückgreift und es so gleichsam zu einer plausiblen Einheit formt, indem Widersprüchliches verdrängt wird. Bildet sich unter Einbeziehung des „ich"-Gedankens diese Einheit und lernt das Kind, auf ihre Identität über Zeitphasen hinweg zu achten, kann von einem *identischen Willen* gesprochen werden, der auch im lebendigen Wandel derselbe bleibt. Große Bedeutung für diese Entwicklungsphase hat die ständige Kommunikation mit Bezugspersonen, die das Wollen und das jeweils Gewollte zur Sprache bringt, die Widersprüchliches kenntlich macht und an sonstige Äußerungen des Kindes erinnert. Das Ganze muss zwangsläufig auch auf unterschiedliche Bereiche des wachsenden Lebensumfeldes Bezug nehmen.

Auch wenn sich die Identität eines Willens, der nur in behüteter Umgebung entstanden ist, „draußen" erst noch wirklich bewähren muss, lässt sich schon jetzt festhalten, dass aus dem bis hierher durchgeführten Gang der Untersuchung inzwischen vier Grundbegriffe resultieren: Selbstbewusstsein, Wahrheit, Denken und Wille. Die beiden letzteren aber erschließen sich nur über den evidenten Gedanken „ich", wobei der Wille dem denkenden Ich Bereiche zu erschließen erlaubt, die es bei gesunder körperlicher Konstitution in praktischer Hinsicht buchstäblich schrittweise aufleben lassen.[63]

Ein Problem zeigt sich indes mit Bezug auf die Idee der Wahrheit. Einerseits ist sie nur vom evidenten „ich" her zugänglich, andererseits aber scheint sie diese individuelle „Herkunft" insofern hinter sich zu lassen, als sie *intersubjektiv* gilt. Wie also kommt es zum Brückenschlag von der Ausschließlichkeit des reinen „ich"-Gedankens zur Intersubjektivität, so dass allen dieselbe Wahrheitsidee zugänglich ist? Der entscheidende Punkt liegt darin, dass „ich" – wie oben erwähnt – als virtuelle Selbstzentrierung des Bewusstseins es Menschen erlaubt, sich alles andere – auch sich selbst und ihre Psyche – zum Objekt zu machen und so zu vielfältigen Aussagen zu gelangen, die als wahr gelten können. Wo immer mithin ein Selbstbewusstsein entsteht, ist es kraft seiner Evidenz offen für

---

[63] Schon hier muss hervorgehoben werden, dass dem Denken neben dem Wollen weitere gedankliche Aktivitäten zuzuordnen sind. Eine besondere Stellung nimmt dabei solches „glauben" ein, das dem Substantiv „der Glaube" zuzuordnen ist (vgl. 12. Kapitel).

Wahrheit und für viele Formen eines Austauschs über dieselbe. Ohne solchen Austausch, ohne Intersubjektivität also, verlöre die Sicherheit des Kindes jegliche Basis, selbst wenn es in der Sache gar keinen Anlass zur Unsicherheit hätte. Das Phänomen, dem sich auch Erwachsene auf Dauer nur schwer zu entziehen vermögen, hat einfach damit zu tun, dass der Mensch der Gemeinschaft bedarf.

Da sich nach dem Ausgeführten keinerlei Anhalt dafür ergibt anzunehmen, dass Wahrheit ein Transzendentes ist und so als etwas Metaphysisches[64] anzusehen wäre, dürfte mit ihrer Transzendentalität das Entscheidende zum Ausdruck gebracht sein. Das trägt der Tatsache Rechnung, dass die Wahrheit nur in Verbindung mit dem Selbstbewusstsein ihre erschließende Funktion für alles theoretisch Erfassbare entfalten kann. *Zugleich erklärt sich so auch, dass die Wahrheit bereits über Jahrtausende eine in den – erst viel später aufgedeckten – Grundkonturen Korrespondenz, Konsens und Kohärenz feststehende Idee ist, die dank des Hinzukommens immer weiterer Menschen die Bewahrung und Weiterführung des menschlichen Erkenntnishorizontes sichert.*

Vor dem – bislang skizzierten – Hintergrund scheint es geboten, auch den Grundbegriff der Freiheit in den hier interessierenden Kontext einzubeziehen, obwohl im 1. Kapitel darauf hingewiesen werden musste, dass sich ein angemessener Begriff der Freiheit erst relativ spät in der Entwicklung des einzelnen Menschen herausschält. Gleichwohl ist daran festzuhalten, dass der transzendentale „ich"-Gedanke zugleich einen Freiheitsaspekt implizieren muss. „Dem Kausalzusammenhang enthoben zu sein … ist eine *Freiheitsbedingung*" hatte es im 1.Kapitel von der Evidenz des Selbstbewusstseins geheißen. Wenn aber Denken und Wille transzendental verankert und zugleich stets in faktisches Geschehen eingebunden sind, dann muss Freiheit genauso wie Wahrheit eine transzendentale *Idee* sein.[65]

---

[64] Der Terminus Metaphysik wird hier in Anlehnung an Immanuel Kant nur mit Bezug auf Transzendentes genutzt. Das auf das Werk „Meta ta Physika" des Aristoteles zurückgehende weite Begriffsverständnis wird hier gemieden, um über die Eigenständigkeit der Transzendentalphilosophie keine unnötigen Zweifel aufkommen zu lassen.

[65] Vgl. dazu auch das 7. Kapitel.

Der hier favorisierte transzendentale Ansatz erklärt es nach den bislang diskutierten begrifflichen Kriterien auch, dass der kindlichen Vernunft die Möglichkeiten einer unbegrenzten Ausweitung der empirischen Begriffe offenstehen. Das bedeutet aber noch nicht, dass schon alle Kriterien explizit ausgelotet wären. Wie oben erwähnt, gilt es in diesem Sinne zu beachten, dass für ein Kind die frühesten Sprachelemente einschließlich späterer satzartiger Wortkombinationen, die es bis hin zur Selbstidentifizierung als „ich" zu nutzen gelernt hat, keineswegs sogleich alle ihre Relevanz verlieren. Diese Sprachelemente werden vom beginnenden Denken übernommen und evtl. angepasst, soweit sie sich dazu eignen. Die sinnlich-motorische Phase des Kleinkindes und seine beginnende Rationalität stehen also keineswegs in völligem Gegensatz zueinander. Eher muss man von einer Art Überlagerung ausgehen, die nicht notwendig alle früheren Sprachelemente auslöscht.

Der Faktor Intersubjektivität

Der Weg von den frühesten Sprachelementen zum „ich" und zu regelrechten Sätzen weist nun offenbar in Richtung auf eine immer ausgeprägtere Intersubjektivität. Den Anfang bildet hier natürlich das Verhältnis zu der ersten Bezugsperson, zumeist die leibliche Mutter. Ihr gilt das erste Lächeln, was noch kaum im Vollsinne „bewusst" sein kann.[66] Aufgrund seiner angeborenen Sprachbegabung übernimmt das Kind schon früh die von den Erwachsenen eingeführte Bezeichnung, z.B. also „Mama", die bald von beträchtlichen Emotionen unterlegt ist. Hat das Kind dann Monate später zum Selbstbewusstsein gefunden, festigt sich das ursprüngliche Wort zu einem existenziell grundlegenden Begriff, der allerdings im Gespräch mit der Mutter bald dem „Du" weicht. Es steht wohl außer Frage, dass diese Einbindung, zumeist bestärkt durch Vater und evtl. Geschwister, eine beträchtliche soziale Stabilisierung bedeutet.

In diesen Ursprungsbeziehungen deutet sich auch neben Spracherschließung und einführender Vermittlung vielfältigen Wissens die praktische Seite an, die im Zusammenleben mit den nächsten

---

[66] Vgl. dazu Jean Piaget, Das Erwachen der Intelligenz beim Kinde, Stuttgart 1973, S. 80ff.

Bezugspersonen verwirklicht werden muss, an. In einer Gemeinschaft zu leben, die erste soziale Integration zu erfahren, Regeln des Zusammenlebens einzuhalten lernen und ihren Sinn einzusehen, das kann Motivation bedeuten, aber auch zu „Reibungsverlusten" führen. Nirgendwo sonst liegt es so nahe wie bei den nächsten Angehörigen, mit dem Anderen mitzuempfinden, Verzeihung zu erfahren, selber zu verzeihen usw. Die Anerkennung, die darin zu finden ist, wiegt oft mehr als die Bestätigung theoretischer Leistungen.

Der Stand der Überlegungen und ein Hinweis auf die seitens des Kindes „erfahrene frühe Liebe und Güte"[67] geben nach dem soeben Ausgeführten Anlass zu einer zusätzlichen Prüfung. Insbesondere die frühe emotionale Prägung, die die Psyche des Kindes gleichsam aufkeimen lässt, dürfte in ihm auch etwas erschließen, in dem sich potenziell ein prinzipieller Rang verbirgt. Nimmt man nämlich all das zusammen, was das Kleinkind an Zuwendung erfährt und auch erfahren sollte, dann muss dem ein verlässlicher *guter Wille* der Bezugsperson zugrunde liegen. Das erinnert an die „Grundlegung zur Metaphysik der Sitten" Kants. Gleich im ersten Abschnitt, der den „Übergang von der gemeinen sittlichen Vernunfterkenntnis zur philosophischen" darstellt, heißt es dort: „Es ist überall nichts in der Welt, ja überhaupt auch außer derselben zu denken möglich, was ohne Einschränkung für gut könnte gehalten werden, als allein ein *guter Wille*."[68]

Ohne alle Alternativen durchgehen zu müssen, die Kant anschließend im Vergleich mit dem guten Willen für unzulänglich erklärt, kann jedenfalls davon ausgegangen werden, dass ein Kind schon sehr früh – also noch vor dem Auftreten des Selbstbewusstseins – ein Sensorium dafür entwickelt, welche Person es gut mit ihm meint. Und mit seiner aufkommenden Vernunft wird ihm – anfangs vielleicht unter „Protest" – schrittweise auch verständlich, warum ihm diese Bezugsperson nicht alle Wünsche erfüllt bzw. erfüllen kann. Oft zeigen Kinder später auch eigene Versuche zur Realisierung einer Gegenseitigkeit. Das aber bedeutet offenbar, dass sich in der Sphäre der virtuellen Selbstzentrierung des Be-

---

[67] Vgl. 1. Kapitel.
[68] Kant, Grundlegung zur Metaphysik der Sitten, Akad. Ausg. Bd. IV, S. 393.

wusstseins Ansätze für ein künftiges Prinzip herausbilden, das sich als *guter Wille* oder auch als *das Gute*, genauer: als die *Idee des Guten*[69] bezeichnen und mit zunehmender Lebenserfahrung vertiefen und verfeinern lässt.

Es kann vorerst dahingestellt bleiben, ob schon in der skizzierten Frühphase die Regeln eines geordneten Miteinanders mit moralischen und vielleicht auch religiösen Regeln seitens der Erwachsenen unterlegt werden oder unterlegt werden sollten. Ein eindeutiger Grundbegriff – vergleichbar einem gesicherten Horizont, auf den sich das Kind regelrecht berufen könnte, lässt sich deshalb für die Praxis (noch) nicht unterstellen. Erst der – zumindest vage – realisierte Begriff der je eigenen *Freiheit* und damit zusammenhängend die Formierung eines geklärten Willens im Selbstbewusstsein kann dieses Ergebnis der Betrachtung wenden. Ohne die Freiheit der Bezugsperson und ohne die frühe Disposition des Kindes zur Entwicklung der Einsicht in die eigene Freiheit wäre an die Idee des Guten als einer begrifflich fixierten Orientierungsnorm für das Handeln nicht zu denken. Tatsächlich bilden aber bereits die angesprochenen „Regeln eines geordneten Miteinanders" zumeist Vorstufen für eine moralische Vertiefung.

Die zuletzt angestellten Überlegungen dürften inzwischen deutlich gemacht haben, wie sehr neben *theoretischen* auch erste *praktische* Begriffe die Entwicklung der kindlichen Vernunft kennzeichnen. Das je konkrete beginnende Denken des Kindes ist aber keineswegs sogleich damit befasst, theoretische und praktische Aspekte seines Vorgehens optimierend zusammenzuführen. Es muss vielmehr schrittweise lernen, sie insoweit auseinanderzuhalten, als dadurch eine begründbare Steuerung beider ermöglicht wird. Die homogene Evidenz der virtuellen Selbstzentrierung des Bewusstseins (vgl. 1. Kapitel) wird dabei zum Dreh- und Angelpunkt aller geforderten Differenzierungen, Synthesen usw.

Dieser Einheitsgrund theoretischer und zugleich praktischer Orientierung des menschlichen Bewusstseins ermöglicht u.a. neue Einsichten der Art, dass der Erfolg praktischen Engagements in diesem oder jenem Zusammenhang inhaltlich zumeist von theoreti-

---

[69]   Laut Platon steht diese Idee mit Bezug auf Vorrecht und Dynamik noch über dem Sein: Politeia, 509 b.

schen Vorbedingungen abhängt, die das Bewusstsein zuvor durchschaut haben muss. Das kindliche Bewusstsein erfasst solche Konstellationen normalerweise zunächst in Einzelfällen und stößt erst später – manchmal von selbst, meist unter Anleitung, gestützt auf Begriffe – darauf, dass hier etwas verallgemeinerungsfähig und -bedürftig ist. Dazu passt es, dass das Kind nach der gewonnenen Einsicht betreffend die eigene Identität zunächst weitestgehend in den gewohnten Bahnen agiert und reagiert, dabei aber seines jeweiligen Probierens und Versuchens immer klarer inne wird und so auch seine Selbstverständigung in kleinen Schritten stetig erweitert und dies zu wesentlichen Teilen mit begrifflichen Mitteln.

Die wenigen Grundbegriffe, der *transzendentale Gedanke „ich",* *die Idee der Wahrheit, das Denken und der Wille sowie die Idee der* *Freiheit und die des Guten* haben an derselben Evidenz teil und bilden bei alledem sozusagen die Mitte der Selbstverständigung eines Menschen. Wie schon oben[70] dargelegt, bedarf es allerdings zur Einsicht in die eigene Freiheit und deren Reichweite noch weiterer Erkenntnisfortschritte des Kindes, die auf eine Vorstufe der „Reife" hinauslaufen.

Weitere Begriffe und ihre Funktion

Mutmaßlich hängt es nicht zuletzt mit der späteren, mitunter nur bedingt abgeschlossenen Reifung des Freiheitsbewusstseins zusammen, dass das volle Verständnis betreffend Bedeutung und Stellenwert des Begriffes *Grund* nicht unbedingt jedermann geläufig ist. Er muss von demjenigen der *Ursache* unterschieden (s.u.) werden, mit dem es im unbedachten Gebrauch vereinzelt zu Überschneidungen kommen kann. Jedes Handeln einschließlich Sprechen und Zuhören eines (vernünftigen) Menschen hat einen Grund bzw. Gründe. Folglich könnte es nahe liegen, jedwedem Grund Transzendentalität zuzusprechen, was jedoch die Ursprungs-Bedeutung verwässern würde. Der einzig *ursprüngliche Grund* liegt in der Evidenz des Selbstbewusstseins.

Eine Sonderstellung unter allen Begriffen nehmen auch *Raum* und *Zeit* ein, die für das Kind zunächst nur auf vage Erfahrungsaspekte hindeuten. Konkret begegnen ihm Ausdrücke wie „hier" und

---

[70]   Vgl. 1. Kapitel.

„dort" oder „früher", „später" und „jetzt". Räumliche und zeitliche Zusammenhänge hat das Kind allerdings schon viel früher kennengelernt. So waren schon oben mit Bezug auf ästhetische Perspektiven Gestalten erwähnt worden wie etwa Antlitz, Sprachklang und die Gesamtgestalt von Bezugspersonen, denen später das Bild des eigenen Körpers folgt. Oder das Kind musste *warten* lernen und erfuhr auch, dass etwas *eilte*. Offensichtlich entscheidet sich die Frage, wie Kinder letztlich zu klaren Begriffen von Raum und Zeit gelangen, daran, wer ihnen diese vermittelt und wie dies geschieht. So weit diese Vermittlung auch vorangetrieben wird – letzten Endes vielleicht sogar bis zur Raumzeit Albert Einsteins: Stets bleibt es dabei, dass es sich zwar um grundlegendste Zusammenhänge der Wirklichkeit insgesamt, dass es sich aber entgegen der Lehre Kants nicht um Transzendentales handelt.

Abgesehen von der relativ kleinen Zahl der erwähnten Grundbegriffe gibt es eine mutmaßlich offene Menge solcher Begriffe, die für grundlegende Funktionen stehen, sei es in theoretischem, in praktischem oder in ästhetischem Zusammenhang. Im Sinne der nachfolgenden Ausführungen scheint es auch mit Blick auf dasjenige, was Kinder schon früh erfassen, sinnvoll, noch zwei weitere grundlegende Begriffe aufzugreifen: *Kausalität* und *Quantität*. Die – in der Abgrenzung gegen den Grund – bereits angeschnittene Kausalität als der Zusammenhang von Ursache und Wirkung lässt sich *nur durch Erfahrung* erkennen, wobei offenbar ein räumlicher und zeitlicher Zusammenhang ausschlaggebend ist. Daran knüpfen die kindlichen Erfahrungen an. Die gründlichen Versuchsreihen Piagets betreffend die bereits erwähnten Zirkulärreaktionen liefern eindrucksvolle Beispiele dafür, wie Kinder bereits im Alter von nur wenigen Monaten – also noch früh in der sinnlich-motorischen Phase – ihre kleinen Hände immer geschickter einzusetzen lernen, darüber ausgewählte Kausalzusammenhänge durchschauen und spielerisch zu nutzen verstehen.[71]

Im Gegensatz zur Kausalität lässt sich zum Begriff der Quantität nicht sagen, dass er sich ganz einfach auf Erfahrungszusammenhänge stützt. Das mag zwar beim Kleinkind – wie übrigens auch bei höheren Tieren – so erscheinen, obwohl hier noch nicht von einem

---

[71] Piaget, A.a.O. S. 103ff.

„Begriff" zu reden wäre. Aber ein entwickeltes sinnliches Auflösungsvermögen muss als solches auch ohne jeden Begriff, d.h. ohne ein Denken, einer begrenzten Quantifizierung mächtig sein wie etwa die Entenmutter ihre Küken überschaut. Für das Menschenkind mit Selbstbewusstsein ergibt sich die Sonderrolle der Quantität aber bald dadurch, dass sich die begriffliche Abstraktion der Zahlen vom konkret Gezählten fast wie von selbst einstellt. So sind eben drei Kühe und zwei Ziegen zusammen fünf Tiere. Hier werden Zahlen zu Begriffen, und der Prozess lässt sich immer weiter treiben, so dass Zahlen und deren Relationen eine ganz selbstständige *logische* Dimension erschließen[72].

Zusammenfassend scheint es nunmehr möglich, von diesem Stande des Erkundungsganges aus mit Bezug auf Kinder zusätzliche Einsichten über die frühe Funktion der Begriffe einschließlich Raum und Zeit zu gewinnen. Sie stellen in erster Linie offenbar Kriterien dar, die es erlauben, (physische) Gegenstände gegen ihre Umgebung und andere Gegenstände vorläufig abzugrenzen, Unterschiede zwischen den Gegenständen ausfindig zu machen und solchermaßen Erkenntnisprozesse in Gang zu setzen. Im Fortschreiten des Erkennens wird mithin der wahrgenommene Gegenstand begrifflich bestimmt, wobei allerdings das Wahrgenommene nicht restlos in die Bestimmungen aufgehen muss.

Dieser zuletzt erwähnte Gesichtspunkt sollte nun aber keinesfalls den Eindruck erwecken, die hier bislang angeschnittene begriffliche Erfassung der Realität lasse sozusagen nur noch „Restprobleme" offen. So wurde der ganze Bereich des Psychischen nur ansatzweise erwähnt, insbesondere weil gerade mit Bezug auf die Entwicklung des jungen Menschen die zuverlässige Objektivierung des Gefühlten (im weitesten Sinne) besondere Schwierigkeiten bereitet, auch wenn sie nötig und oft geradezu dringlich geboten ist. Der Bereich der Praxis wurde daneben – abgesehen von den entscheidenden Grundbegriffen – nur gestreift. Weiteres lässt sich allerdings in einzelnen der folgenden Kapitel passender ausführen. Noch kärglicher sind bislang die Hinweise auf Details der Ästhetik, die aber in einzelnen Punkten noch erweitert werden, insofern dies das Menschsein grundsätzlich berührt.

---

[72] Vgl. dazu auch das 4. Kapitel.

Das entscheidende Kriterium für die in diesem Kapitel diskutierte Begrifflichkeit ist der Begriff der Wahrheit, der aus dem Selbstbewusstsein hervorgeht. Er erschließt wiederum vor allem die erfahrbare Realität, die für den Menschen – in welcher offenen oder weitgehend verdeckten Form auch immer – *wahrnehmbar* sein muss. So richtet sich denn der erkennende Mensch, der einerseits selbst zur Wirklichkeit gehört und andererseits transzendental verankert ist, mit seinen Sinnen und seinem Verstand auf eine Wirklichkeit, die alles Seiende umfasst. Damit deutet offenbar alles darauf hin, dass nur ein *erkenntnistheoretischer Realismus* mit der hier vertretenen Subjekttheorie kompatibel sein kann.

Alternative im Diskurs?

Ein Rückblick auf den Argumentationsgang des Kapitels, das auch die Unterscheidung von Theorie, Praxis und Ästhetik im Auge hat, legt einen Vergleich mit dem Systemansatz eines namhaften Denkers der Gegenwart nahe: Jürgen Habermas. Der Philosoph und Sozialwissenschaftler ist wortreicher Gegner der „Bewusstseinsphilosophie", der man den vorliegenden Ansatz mit Einschränkungen zuordnen kann. Diese Richtung habe, so Habermas, „die Unmittelbarkeit des subjektiven Erlebens gegenüber der diskursiven Vermittlung privilegiert". Die Theorie der Erkenntnis habe in der Bewusstseinsphilosophie „den Platz einer Ersten Philosophie eingenommen", schreibt er, „während Kommunikation und Handeln ... einen abgeleiteten Status behielten." Und weiter: „Nach dem Übergang von der Bewusstseins- zur Sprachphilosophie lag es nahe, diese Hierarchie der Erklärungsschritte nicht umzukehren, aber einzuebnen. Denn die Sprache dient ebenso der Kommunikation wie der Darstellung, und die sprachliche Äußerung ist selbst eine Gestalt des Handelns, die der Herstellung interpersonaler Beziehungen dient."[73]

Den aus seiner Sicht entscheidenden Grund für die Forderung der Einebnung will Habermas offenbar in den Sätzen deutlich machen: „Auch wahre Aussagen können nur die Erkenntnismöglichkeiten realisieren, die uns durch soziokulturelle Lebensformen überhaupt eröffnet werden. Diese Einsicht belehrt uns über die

---

[73] Jürgen Habermas, Wahrheit und Rechtfertigung, Frankfurt 1999, S, 8/9.

Grenzen eines philosophischen Denkens nach der Metaphysik."[74]
Die transzendentallogischen Bedingungen der Möglichkeit von
Erkenntnis im Sinne Kants werden also sozusagen auf ein er-
wünschtes Normalmaß reduziert. Habermas benutzt dafür auch
den Terminus „Detranszendentalisierung" und sieht Anlass, Kant
in Richtung auf den bereits oben erwähnten „Transzendentalprag-
matismus" umzudeuten, eine Begrifflichkeit, die dazu dient, im
Rahmen der realisierten „linguistischen Wende" auf der Ebene „eines Wissens, das praktischer Natur ist", grundlegende Praktiken
hervorzuheben.[75]

Allerdings trifft Habermas bereits in den „zwei Grundfragen
der theoretischen Philosophie", um die nach seinen Angaben die
Aufsätze des Bandes kreisen, problematische Festlegungen: „Zum
einen geht es um die ontologische Frage des Naturalismus – wie die
aus der Teilnehmerperspektive unhintergehbare Normativität einer
sprachlich strukturierten Lebenswelt ... mit der Kontingenz einer
naturgeschichtlichen Entwicklung soziokultureller Lebensformen
in Einklang gebracht werden kann. Zum anderen geht es um die
erkenntnistheoretische Frage des Realismus – wie die Annahme
einer von unseren Beschreibungen unabhängigen, für alle Beobachter identischen Welt mit der sprachphilosophischen Einsicht zu
vereinbaren ist, dass uns ein direkter, sprachlich unvermittelter
Zugriff auf die <nackte Realität> versagt ist."[76]

Im Sinne dieses Programms bietet der Sozialphilosoph in der
Folge Argumente einer Reihe von sprachanalytisch orientierten
Denkern auf, welche die Annäherung an den Gedanken der Gleich-
ursprünglichkeit von Darstellung, Kommunikation und Handeln
vorangebracht haben sollen. Er muss aber einräumen, dass der
„analytische <mainstream> auch nach der linguistischen Wende am
Primat des Aussagesatzes und seiner Darstellungsfunktion festgehalten" habe.[77] Ausschlaggebend war allerdings auch dabei die
Sprache.

---

[74] Ders. A.a.O. S. 16.
[75] A.a.O. S. 19.
[76] A.a.O. S. 7/8.
[77] A.a.O. S. 9.

Habermas erwähnt insoweit in dem Aufsatz „Rationalität der Verständigung"[78] die Auffassung von Herbert Schnädelbach, den er u.a. mit den Worten zitiert: „… nur wer es vermag, <ich> oder <wir> zu sagen und das, was er ist oder tut, zu thematisieren und sich selbst zuzurechnen, ist rational". Schnädelbach stelle sich damit „in die Tradition der Bewusstseinsphilosophie", urteilt der Sozialphilosoph. Das „*reflektierte* Selbstverhältnis, das Schnädelbach als Basismerkmal auszeichnet", sei jedoch nach der linguistischen Wende „abhängig von der Beziehung zwischen Argumentationsteilnehmern: keine Reflexion, die sich nicht als innerer Diskurs rekonstruieren ließe", wie G.H. Mead mit guten Gründen als Lösung des Problems vorgeschlagen habe. „Auch die Reflexion verdankt sich einem vorgängigen dialogischen Verhältnis und schwebt nicht im Vakuum einer kommunikationsfrei konstituierten Innerlichkeit. Die diskursive Thematisierung von Geltungsansprüchen, an denen sich die Rationalität unserer Äußerungen bemisst, und das reflexive Haben dieser Äußerungen stehen in einem komplementären Verhältnis: sie *verweisen* aufeinander. Den Vorschlag, Rationalität auf eine Disposition vernünftiger Personen zurückzuführen, halte ich nicht für aussichtsreich"[79].

Es fragt sich nun, mit welchen Argumenten Habermas die Vorgehensweise der vorliegenden Untersuchung beurteilen würde. Eigentlich müsste sich ja nach ihm das frühe „ich" des Kindes, das nach kurzem, tastendem Gebrauch ein „reflektiertes Selbstverhältnis" darstellt, „nach der linguistischen Wende" als „abhängig von der Beziehung zwischen Argumentationsteilnehmern erweisen: keine Reflexion, die sich nicht als innerer Diskurs rekonstruieren ließe…". Doch wie kann man hier von einem Diskurs sprechen? Liegt aber nicht sehr wohl „ein direkter … Zugriff auf die <nackte Realität>" vor, der im Nachhinein als sprachlich vermittelt deklariert werden mag? Und überhaupt: Zielt nicht eine um die Wahrheit bemühte Argumentation oft geradezu darauf, einer vorgegebenen Realität gerecht zu werden? Und musste nicht dem Kind die frühe Sprache gerade mit dem Bezug auf „nackte Realität" vermittelt werden? Die nämlich hatte es in mancherlei Hinsicht schon

---

[78]   A.a.O. S. 102ff.
[79]   A.a.O. S. 103.

früher wahrgenommen. Und überhaupt: Wie oft erleben Menschen bzw. wie oft müssen sie erleben, dass es ihnen zur Darstellung der „nackten Realität" zunächst noch an Begriffen fehlt.

Aber noch ein grundsätzlicherer Aspekt muss erwähnt werden. Habermas' Umgang mit dem Wahrheitsbegriff liegt mit dem Großteil der von ihm kritisierten Philosophen insofern auf einer Linie, als sie sich einer schlüssigen Auskunft darüber enthalten, wie sich der Gedanke der Wahrheit erklärt. Indem es auch Habermas dabei belässt, kann er dem Diskurs sozusagen eine Art Kompetenzkompetenz zusprechen vergleichbar derjenigen, die Staatsrechtler für die Übertragung von Zuständigkeiten auf der Ebene des Staates kennen. Dabei unterlässt es der Sozialphilosoph jedoch offenzulegen, kraft wessen der Diskurs seinen Aussagen eine inhaltliche *Geltung* sichern soll. Die von Habermas relativierte Wahrheit kommt dafür nicht mehr in Betracht.

Demgegenüber kann die hier entwickelte Theorie in Anspruch nehmen, dass der Ursprung der Wahrheit im Selbstbewusstsein auf eine transzendentale Idee hinausläuft, an die Habermas' Detranszendentalisierungs-Konzept nicht heranreicht. Ob man die große Zahl sehr einfacher, aber elementarer Wahrheiten, die ein Kind auf seinen Lebensweg gleichsam mitnimmt, auf einen „Diskurs" mit Bezugspersonen zurückzuführen versucht, ist im Grunde nicht erheblich. Entscheidend ist vielmehr, dass sich das Selbstbewusstsein des Kindes nur im Rahmen solcher Wahrheiten etablieren und halten kann. Die ganze Sprachphilosophie einschließlich der angeblich unverzichtbaren linguistischen Wende gäbe es gar nicht, wenn nicht die Wahrheit von Mensch zu Mensch weitergegeben würde. Es gibt kein *Kollektiv*, das über die Evidenz des Selbstbewusstseins verfügt.

4. Kapitel

Evidenz und Grundlagen der Logik

Das letzte Kapitel hat wieder bei der ursprünglichen Evidenz geendet, die sich im Zusammenhang mit der Entstehung des Selbstbewusstseins einstellt. Wer Kinder in dieser frühen Entwicklungsphase gründlicher beobachtet oder ihre Entwicklung sogar aktiv begleitet hat, dem mag vielleicht klar geworden sein, welche grundlegenden Weichenstellungen sich hier vorbereiten können. Verständnisvolle Bezugspersonen, die auf ein Kind eingehen, sind oft bemüht, frühe Entfaltungsmöglichkeiten der kindlichen Intelligenz ausfindig zu machen oder evtl. zu wecken. Dabei mögen viele Eltern vielleicht am besten Veranlagungen ihres Kindes spüren oder an Indikatoren erkennen, die den eigenen Neigungen entsprechen. Es mag aber auch so sein, dass Bezugspersonen versuchen, bei Kindern Neues anzustoßen oder sie geradezu in erwünschte Richtungen zu lenken. Im Normalfall dürfte das Ganze freilich in eine gewisse Ausgewogenheit unterschiedlicher Bereiche einmünden, weil Kinder einfach auch Abwechslung suchen und brauchen.

Zum Zwecke eines geordneten Erkenntnisganges erscheint es nun zulässig, in einer Art Denkexperiment quasi idealtypisch vorzugehen und eine gezieltere Entwicklung eines Kindes an seinen Fortschritten in einer bestimmten Disziplin nachzuzeichnen. Dass dafür ein einschlägiger Erfahrungshorizont vorhanden sein sollte und möglichst noch der Rat ausgewiesener Kenner hinzuzuziehen ist, versteht sich von selbst. Kein Fach scheint für ein solches Vorgehen geeigneter als die Mathematik. Die wichtigsten Gründe dafür werden sich erst im Laufe der Durchführung dieses Ansatzes schrittweise zeigen und sich letztlich am Ergebnis bestätigen. Vorab dürfte aber schon einleuchten, dass es die Alleinstellungsmerkmale der Mathematik im Unterschied zu allen anderen Disziplinen erlauben, das Besondere der geistigen Herausforderung einzugrenzen und einzuordnen.

Wie bereits im letzten Kapitel erwähnt, ist eine differenzierte Erfassung der Quantität von Gegenständen im unteren einstelligen Zahlenbereich schon bei manchen höheren Tierarten, also auf sinnlich-motorischer Ebene, nachweisbar. Die rationale Erfassung durch regelrechtes Zählen beginnt bei Kindern – je nach Förderung – frühestens im Verlauf des dritten, üblicherweise im vierten und teilweise erst im fünften Lebensjahr. Die Erschließung der Mathematik als eigenes rationales Operationsfeld, was sich nicht ohne Abstraktion der Zahlenreihe von der Anwendung auf zu zählende Gegenstände durchführen lässt, bedarf offensichtlich schon in der Kindheit der Anleitung durch Bezugspersonen. Ohne eine solche kann es nach heutigem (allerdings nicht unumstrittenen) Erkenntnisstand sogar so weit kommen, dass an sich intelligente Kinder kaum noch einen Zugang zu anspruchsvolleren mathematischen Aufgaben finden.

Kinder bei ihren ersten Schritten sozusagen im „Vorhof" der Mathematik zu begleiten, bietet auch dem Erwachsenen die Möglichkeit zu lernen. So merkt er schnell, dass es entscheidend darauf ankommt, dem Kind Erfolgserlebnisse zu bereiten. Das beginnt in aller Regel mit kleinsten Additionsaufgaben und der nachdrücklichen Anerkennung erster richtiger Ergebnisse durch die Bezugsperson. Berücksichtigt man das, was oben (1. Kapitel) zur Kohärenztheorie der Wahrheit angedeutet worden war, dann zeigt sich eine Besonderheit: Indem die begleitende Person das Ergebnis des Kindes bestätigt, kommen hier Korrespondenz und Konsens uneingeschränkt zur Deckung. Jeder Schritt voran wird dabei zur Bestätigung der eigenen Rationalität des kindlichen Ich. Dass zu der Vermittlung die vertraute Sprache angewandt werden muss, tut der Eigenständigkeit der neuen Methode offenbar keinerlei Abbruch.

Mit Bezug auf die oben erwähnte ursprüngliche Evidenz des Selbstbewusstseins dürfte die gründlichere Einübung unterschiedlicher Rechengänge eine potenziell signifikante Ausdifferenzierung zur Folge haben. Die ursprüngliche Evidenz tritt dadurch auf, dass ein Mensch sich selbst in einer ihm sehr wichtigen Hinsicht als Bewusstsein begreift. Er *weiß* nun um sich, um sein jeweiliges Denken und Handeln. Infolgedessen kann man davon ausgehen, dass die beim Rechnen angewandte und stets auf weitere Erfolge ausgerichtete Methode, ausdifferenziert in Rechenarten, an dem Evidenzmodus zumindest Anteil hat. Überdies leitet sie das Denken auf eine Bahn, die die Seite des Subjekts weitgehend ausklammert. Um eines anzuerkennenden Erfolges willen von sich selbst abzusehen, ist letztlich für die meisten Formen von Erkenntnis wichtig und findet hier wie von selbst statt. Zudem wird der junge Mensch mit solchem Erlernen auf eine Spur gebracht, die er schon relativ früh, auf sich selbst gestellt, fortentwickeln kann.

Bei alledem ist es von ausschlaggebender Bedeutung, dass das Wissen, das der Einzelne mit den Methoden der Mathematik gewinnt, die Stufe unbedingter Gewissheit erreichen kann. Erfahrungswissen dagegen ist durch neu zu gewinnende Einsichten immer noch wieder in Frage zu stellen. Diese Sonderstellung der mathematischen Einsichten dürfte dazu geführt haben, dass sich die Mathematik schon sehr früh als eigenständige Wissenschaft etabliert hat, welche bereits weitgehend auf definierte Methoden zurückgreifen konnte. Diese Methoden wurden mit der Zeit klarer gefasst und ergänzt. Inzwischen ist in dieser Hinsicht das Meiste völlig unstrittig.

Es lohnt sich für Philosophen, solche Fragen im Gespräch mit Mathematikern durchzugehen. So hebt der in Fachkreisen international bekannte Siegener Mathematikprofessor Jörg Wills hervor, die Mathematik sei „abstrakter als die Philosophie", sie sei „reine Logik". Die Subjektseite bleibe beim Lösen mathematischer Aufgaben, bei Beweisgängen usw. völlig „außen vor". Dessen ungeachtet hänge aber bei dem erforderlichen, je konkreten Denken oft sehr viel davon ab, dass der durchführende Mathematiker die nötige Intuition, Phantasie oder Kreativität habe. Von „Evidenz" spreche der Mathematiker allerdings nur dann, wenn sich aufzeigen lässt, dass ein Ergebnis aus Axiomen der Disziplin hervorgeht. Die Axiome ihrerseits werden beweislos vorausgesetzt bzw. sind unbeweisbare mathematische (also ideelle) Tatsachen. Axiomensysteme, so Wills, wurden aber in der Regel erst sehr viel später entwickelt, nachdem die Anfänge „in einem kreativen Nebel" entstanden waren. Die Systeme sind so angelegt, dass sich aus ihnen alle Sätze des jeweiligen Teilgebiets (Algebra, Geometrie usw.) logisch ableiten lassen.

Frage ist jedoch, wie sich die Einsicht in die Evidenz eines Ergebnisses gewinnen lässt. Geschieht dies sozusagen „im Nu" („exaiphnes", wie es bei den Griechen hieß) oder muss man dabei mehrere oder gar eine Reihe von Schritten unterstellen, die sich allerdings mit zunehmender Routine abkürzen lassen bzw. die evtl.

zu einem einzigen Schritt verschmelzen? Wills verweist in dem Zusammenhang auf die an Schulen und Hochschulen gebotene Vermittlung mathematischer Einsichten. Der Mathematiker habe oft das Problem, „dass er die Lösung oder den Lösungsweg quasi vor sich sieht und Schwierigkeiten hat, das mitzuteilen". Das Hauptproblem des Lehrers an der Schule sei: „Wie treibe ich die Dinge so langsam voran, dass die Schüler folgen können?" Dies sei letztlich auch das Anliegen des Professors.

Es kann dahingestellt bleiben, inwieweit der Vollblut-Mathematiker einen logisch zwingenden Zusammenhang dank entsprechender Routine quasi mit einem Blick erfasst. Jedenfalls muss sich das Gewinnen einer evidenten Einsicht, also der Hervorgang einer Lösung aus Axiomen, in logische Schritte zerlegen lassen. Somit steht die ursprüngliche Evidenz des Selbstbewusstseins auch am Anfang der Mathematik. Indem ein Kind die Schritte des Addierens und dann auch des Subtrahierens erlernt und einübt, gewinnt es grundlegende Elemente eines Denktypus, der Regeln zuverlässig einhält und damit zu sicherem Erfolg gelangt. Dieser Denktypus mag „sehr kleinteilig" oder auch in größeren, ja eleganten großen Schritten vorgehen: Er realisiert ein Potenzial der Vernunft. Die Evidenz, die er so herausarbeitet, ist allerdings nicht mehr die vitale, lebenserfassende Evidenz des Selbstbewusstseins, sondern ein als solcher nicht lebensnaher, idealer Kernbestand desselben – *reine* Vernunft.

Zu den Überlegungen betreffend die Mathematik und ihren Beitrag zur Schulung des menschlichen Denkens sollte vielleicht noch ein abschließender Hinweis von J. Wills weitergegeben werden, der auch in dem hier interessierenden Zusammenhang aufschlussreich ist: Danach waren die Griechen bei all ihren herausragenden Leistungen auf dem Gebiet der Philosophie wie auch der Geometrie und vielem anderen keineswegs die großen Rechner. Diesbezüglich hatten ihnen einzelne andere Völker sogar viel voraus. Für Römer, Inder, Araber und Chinesen stand das Rechnen im Vordergrund. Ausschlaggebend war einfach der Bedarf. In Ländern z.B., in denen große Ernten anfallen konnten und dann auch der Handel organisiert werden musste, war die zahlenmäßige Erfassung unerlässlich. Nirgends sonst ist aber das Denken rein als solches mit zunehmender wissenschaftlicher Ausrichtung so vorangetrieben worden wie bei den alten Griechen. Das Denken war sozusagen auch sich selbst zum Thema geworden. Das wiederum trieb ebenfalls Bemühungen um Grundlegungsfragen der Mathematik voran. So waren die Griechen, wie Wills anmerkt, auch die ersten, die axiomatisch zu denken suchten. Euklids Schrift „Elemente" wurde rund 2000 Jahre als akademisches Lehrbuch genutzt, in englischen Schulen sogar, so Wills, bis in den Anfang des 20. Jahrhunderts.

Husserls „Logische Untersuchungen"

Geht man nun von dem kleinen Denkexperiment und der letzten Überlegung wieder zurück zu einer umfassenderen Sichtung der geistigen Entwicklung des Kindes, deutet alles darauf hin, dass hier seitens des Bewusstseins – wie schon bezüglich der Ideen von Wahrheit und Freiheit – wenige elementare Prinzipien wirksam sind. Es liegt auf der Hand, dass dies für Philosophen und vor allem für die Logiker unter ihnen ein längst vertrautes Terrain ist. Wo allerdings kann man fündig werden, wenn zugleich mit der Logik das Subjekt ins Auge gefasst werden soll so, dass sich nachvollziehen lässt, wie die Grundelemente alles Logischen – bevorzugt beim jungen Menschen – schrittweise hervorgehen?

Hier kommt ein namhafter Denker in Betracht, der gegen Ende des 19. Jahrhunderts im Spannungsfeld von Philosophie und der sich von ihr ablösenden Psychologie größten Wert darauf gelegt hat, die Logik gegen Übergriffsversuche seitens früher Psychologen zu verteidigen: Edmund Husserl. Der erste Band seiner „Logischen Untersuchungen"[80], der den Untertitel „Prolegomena zur reinen Logik" trägt, weist insofern einen aufschlussreichen Weg. Ihm ein Stück weit nachzugehen ist hier auch deshalb von Interesse, weil im nächsten Kapitel die Rolle der Psychologie im Themenbereich „Leben und Wahrheit" angesprochen werden muss.

Husserl hatte gemäß dem Vorwort des Buches erkannt, dass es galt, damalige Tendenzen zurückzuweisen, wonach es „die Psychologie sei, von der, wie die Logik überhaupt, so die Logik der deduktiven Wissenschaften ihre philosophische Aufklärung erhoffen müsse"[81]. Versteht man die Psychologie einfach nur als Erfah-

---

[80]   Edmund Husserl, Logische Untersuchungen, 2. Aufl. Tübingen 1913.
[81]   Husserl, a.a.O. S. VIf.

rungswissenschaft betreffend die menschliche Psyche, leuchtet das Problem unmittelbar ein: Vor allem mit Bezug auf Mathematik und reine Logik kann offensichtlich nicht akzeptiert werden, dass deren Evidenzstatus auf denjenigen falsifizierbarer Erfahrungserkenntnisse zurückgestuft wird. Die Versuche, das Denken wie alle anderen Bewusstseinsfunktionen uneingeschränkt der Psychologie zu- und ihren Gesetzlichkeiten unterzuordnen, führen mit Bezug auf die Logik und die mit ihr zusammenhängende Mathematik in den *Psychologismus*, von dem sich Husserl in den Prolegomena mit Nachdruck distanziert.

Zu denjenigen Autoren, deren Sichtweise er insoweit vom Grundansatz her teilt, gehört Moritz Wilhelm Drobisch. Dieser hatte schon 1863 in dem Werk „Neue Darstellung der Logik mit Rücksicht auf Mathematik und Naturwissenschaft" klar zwischen Psychologie und Logik unterschieden. Für die vorliegende Untersuchung lohnt es, eine Passage aus dem Werk Drobischs aufzunehmen: „Das Denken kann in doppelter Beziehung Gegenstand einer wissenschaftlichen Untersuchung werden: einmal nämlich, sofern es eine Tätigkeit des Geistes ist, nach deren Bedingungen und Gesetzen geforscht werden kann; sodann aber, sofern es als Werkzeug zur Erwerbung mittelbarer Erkenntnis, das nicht nur einen richtigen, sondern auch einen fehlerhaften Gebrauch zulässt, im ersteren Fall zu wahren, im anderen zu falschen Ergebnissen führt. Es gibt daher sowohl *Naturgesetze* des Denkens als *Normalgesetze* für dasselbe, *Vorschriften* (Normen), nach denen es sich zu *richten* hat, um zu *wahren* Ergebnissen zu führen. Die Erforschung der Naturgesetze des Denkens ist eine Aufgabe der Psychologie, die Feststellung seiner Normalgesetze aber die Aufgabe der *Logik*".[82]

Die Wendung „Bedingungen und Gesetze" des Denkens lässt Spielraum für eine Fragestellung, die Husserl in den Prolegomena nicht klar thematisiert: Muss dem Denken nicht zumindest ein prinzipielles „Fenster" zur Freiheit offenbleiben, wenn es zu wahren Ergebnissen gelangen will? Sollte sich das Denken aber durch die Psychologie durchgängig in naturkausalen Zusammenhängen, also auf Basis von Ursache und Wirkung, bestimmen lassen, wäre

---

[82] Zitiert bei Husserl a.a.O. S. 36.

kaum noch zu erklären, dass es sich dafür *entscheiden kann*, sich an die erwähnten Normalgesetze zu halten.

Husserl nutzt statt der Terminologie Normal- und Naturgesetze die Bezeichnungen *Ideal-* und *Realgesetze*, deren „grundwesentliche und unüberbrückbare Unterschiede" seitens der „psychologistischen Logiker" verkannt würden. Bei den Idealgesetzen gehe es um „normierende" und bei den Realgesetzen um „kausale Regelung" oder auch um „logischen Grund" und „Realgrund"[83]. Der erkennende Mensch, der schon im alltäglichen Leben beide Gesetzestypen kennt und um manche auch regelrecht weiß, muss bei wissenschaftlicher Ausrichtung weitere solche Gesetze erlernen oder gar neu formulieren. Dazu bedarf es für Idealgesetze entsprechender „Evidenzen" und für Realgesetze realer, also beobachtbarer Tatsachen.

Den Begriff der Evidenz in den Prolegomena lohnt es näher zu untersuchen. Husserl führt ihn im Zusammenhang mit den Begriffen Wissen und Wahrheit ein: „Im Wissen ... besitzen wir die Wahrheit ... Dazu (d.h. zum Wissen) gehört ... – soll von einem Wissen im engsten und strengsten Sinne die Rede sein – die Evidenz, die lichtvolle Gewissheit, dass *ist*, was wir anerkannt, oder *nicht ist*, was wir verworfen haben ..."[84]. Dieser Evidenz scheint es nach den einführenden Gedanken Husserls auch keinen Abbruch zu tun, wenn das Wissen nur einen bestimmten Wahrscheinlichkeitswert hat. Insgesamt gelte: „Im letzten Grunde beruht ... jede echte und speziell jede wissenschaftliche Erkenntnis auf Evidenz, und so weit die Evidenz reicht, so weit reicht auch der Begriff des Wissens"[85].

Im Fortgang seiner Argumentation führt der Philosoph allerdings eine Unterscheidung zweier Typen von Evidenz ein. Die Evidenz „rein logischer" Gesetze, d.h. Gesetze der Logik und der Mathematik, die „insgesamt *a priori* gültig sind", bezeichnet er als „apodiktisch"[86]. Davon grenzt der er die „*assertorische*" Evidenz ab, die „für das Dasein der einzelnen Erlebnisse" des Subjekts gilt.[87] Die Anwendung dieses Evidenz-Theorems spielt im Rahmen sys-

---

[83] A.a.O. S. 68.
[84] A.a.O. S. 13.
[85] A.a.O. S. 14.
[86] A.a.O. S. 62.
[87] A.a.O. S. 91.

tematischer wissenschaftlicher Beweisgänge eine erhebliche Rolle, wie es bereits oben in den Hinweisen von J. Wills mit Bezug auf mathematische Verfahren erwähnt worden war.

Hinsichtlich der apodiktischen Evidenz lässt sich nicht recht klären, ob sie sich noch in zwei Unterarten gliedert. So deutet sich in einer frühen Bemerkung Husserls lediglich an: „Das vollkommene Kennzeichen der Richtigkeit (erg.: eines gefällten Urteils) ist die Evidenz, es gilt uns als unmittelbares Innewerden der Wahrheit selbst"[88]. Dazu heißt es etwas später einschränkend: „Faktisch stellt sich aber die Evidenz ... nur bei einer relativ höchst beschränkten Gruppe primitiver Sachverhalte unmittelbar ein; unzählige wahre Sätze erfassen wir als Wahrheiten nur dann, wenn sie methodisch ‚begründet' werden ..."[89] Nur mit Begründungen komme man „über das unmittelbar Evidente und darum Triviale hinaus"[90]. Unklar ist, ob man noch zwischen dieser unmittelbaren und einer mittelbaren apodiktischen Evidenz unterscheiden muss, wie sie besonders in der Mathematik in Betracht kommen könnte. Aber das kann hier offenbleiben.

Die logischen Grundsätze

Sucht man bei Husserl nach tragfähigen Argumenten, die besagter „lichtvollen Gewissheit" einschließlich der erwähnten Differenzierungen die nötige Basis bieten, ist man – zumindest vorerst – mehr auf Vermutungen angewiesen. Zwar spricht alles dafür, dass beim Aufleuchten der Gewissheit *das Subjekt als solches eine Rolle spielt*, wie dies aber vorgestellt werden könnte, wird nicht erläutert. Man kann allenfalls von subjekttheoretischen Bruchstücken sprechen, deren innerer Zusammenhang nicht durchsichtig wird. Als entwicklungsfähig ließe sich noch ein Hinweis auf die „Evidenz des unmittelbar anschaulichen Daseins" ansehen, die auch „Evidenz der ‚inneren Wahrnehmung'" sein soll.[91] Solche Ansätze werden aber nicht weiter vertieft, vielmehr heißt es dann auch einmal „Gefühl der Evidenz"[92].

---

[88]   A.a.O. S. 13.
[89]   A.a.O. S. 16, vgl. auch S. 246.
[90]   A.a.O. S. 16.
[91]   A.a.O. S. 121.
[92]   A.a.O. S. 180f.

Insgesamt erreicht Husserl auf den skizzierten Bahnen offenbar keine konsistente Theorie bezüglich dessen, was Evidenz heißen könnte. Die *schlechthin grundlegende Evidenz, die im Selbstbewusstsein aufleuchtet*, und aus der sich letztlich auch die Evidenz des Mathematikers als Evidenz der reinen Vernunft ableitet, findet sich bei Husserl nicht. Aber in einer grundsätzlichen Frage führt er dennoch weiter: In einer Auseinandersetzung mit den einander nah verwandten Standpunkten des Empirismus und des Psychologismus legt er dar, dass alle empirischen Erkenntnisse – auch die Erkenntnisse der Psychologie – einer Rechtfertigung bedürfen, die nicht ihrerseits wieder durch empirische Erkenntnisse abzusichern wäre. Statt der erforderlichen „methodischen Begründung" käme es seitens der Empiristen entweder zum logischen Zirkel oder zum unendlichen Regress. Daher sei es „evident, dass die Forderung einer prinzipiellen Rechtfertigung für jede mittelbare Erkenntnis nur dann einen möglichen Sinn haben kann, wenn wir fähig sind, gewisse letzte Prinzipien einsichtig und unmittelbar zu erkennen, auf welchen alle Begründung im letzten Grunde beruht. Alle rechtfertigenden Prinzipien möglicher Begründungen müssen sich sonach deduktiv zurückführen lassen auf gewisse letzte, unmittelbar evidente Prinzipien, und zwar so, dass die Prinzipien *dieser* Deduktion selbst sämtlich unter diesen Prinzipien vorkommen müssen"[93].

Eine „relativ höchst beschränkte Gruppe primitiver Sachverhalte" sowie „unmittelbar evidente Prinzipien", zu denen auch deren Deduktionsprinzipien gehören – beides deutet auf etwas hin, was man vielleicht als den Ursprung der Logik im Verständnis Husserls bezeichnen darf. Er selbst erwähnt als solche Prinzipien häufiger den „Grundsatz" vom Widerspruch und vereinzelt auch den vom ausgeschlossenen Dritten. Was diese Grundsätze besagen, gehöre „zum bloßen Sinn der Worte wahr und falsch", schreibt er[94]. Zuvor hatte es schon geheißen, Sätze wie der vom Widerspruch „gründen" im „bloßen Sinn der Wahrheit"[95]. Dazu mag die folgende weitere Aussage passen: „Apodiktische Evidenz, d.i. Einsicht im prägnanten Sinne des Wortes, haben wir bezüglich des Nichtzusammenwahrseins kontradiktorischer Sätze, bzw. für das

---

[93] A.a.O. S. 84f.
[94] A.a.O. S. 118.
[95] A.a.O. S. 115.

Nichtzusammenbestehen der entgegengesetzten Sachverhalte. Das Gesetz dieser Unverträglichkeit ist das echte Prinzip vom Widerspruch"[96]. Andererseits aber heißt es auch, „der Satz vom Widerspruch" sei „nichts weniger als eine Tautologie"[97], was allerdings noch wieder auslegungsfähig ist.

In einer etwas anderen Herangehensweise liegt es zunächst nahe festzuhalten, dass der *Konsens über vier logische Grundsätze* schon uralt ist: die Sätze der Identität, vom Widerspruch, vom ausgeschlossenen Dritten und vom zureichenden Grunde kannte man schon bei den alten Griechen. Alle vier hat bereits Aristoteles schriftlich fixiert. (Mit Bezug auf den vierten wird sogar schon Parmenides genannt.)

Nun hatte sich in dieser Betrachtung hinsichtlich der kindlichen Entwicklung gezeigt, dass in der vorrationalen Phase seines Bewusstseins schon Vorentscheidungen fallen, ohne die das Kind nicht zum Selbstbewusstsein und damit zur Rationalität gelangt wäre. So müssen tatsächliche Vorbedingungen erfüllt sein, damit überhaupt ein Denken in Gang kommen kann: Vor allem muss ein Kind die Möglichkeit haben und nutzen, wahrgenommene Objekte bzw. Personen mit Hilfe irgendwelcher Merkmale zu *identifizieren*. Es geht also um eine *bestimmte* Person oder auch um ein *bestimmtes* Ding. Bald ist es dann entscheidend, ob etwas die *erwartete* Person oder Sache ist oder aber *nicht*. Ist zudem die Identität des Erwarteten aus Sicht des Kindes eindeutig geklärt, kann es zwischen den beiden Möglichkeiten keine dritte geben. *So kann denn nichts daran vorbeiführen, dass die ersten drei logischen Grundsätze schon in allen Formen höheren Bewusstseins wirksam sind, ohne als solche bewusst zu sein.*

Hat ein Kind sich dann aber als „ich" erfasst und begriffen, verfügt es über den grundlegenden Maßstab *begrifflichen* Identifizierens. Es weiß um sich und lernt damit zusammenhängend, anderes immer auch als Nicht-Ich zu erkennen. Es unterscheidet in der Folge auch das Eine und das Andere. Hat es die Unterscheidungskriterien aber erkannt, dann wäre es ein Widerspruch, wenn diese Kriterien doch wieder beiden zukommen sollten. So schafft es sich denkend gleichsam ein eigenes, grundlegendes (logisches) Koordi-

---

[96]   A.a.O. S. 91.
[97]   A.a.O. S. 80.

natensystem. Es muss dabei weiterhin kein explizites Wissen über die drei Grundsätze als solche haben. Die Unterscheidung vom Nicht-Ich wie auch die Unmöglichkeit, dass es zwischen Ich und Nicht-Ich noch ein Drittes gibt, gehören geradezu zum Selbstbewusstsein. „Die Geltung des Selbstbewusstseins wird zum Maßstab der Urteilskraft", hatte es im 3. Kapitel geheißen. Das Kind nutzt die gründende Bedeutung des „ich" immer deutlicher. Sein „ich" wird ihm zum Grund, zum zureichenden Grund, ohne dass es den Satz vom zureichenden Grund kennen würde und kennen müsste. Wohl aber erlaubt ihm die Reflexivität seines Denkens allmählich, sonstige Gründe zu erkennen und bei fortschreitender Bildung auch zureichende Gründe – allesamt nach dem Vorbild seiner frühen ersten Einsicht.

Für Husserls Vermutung, die logischen Grundsätze seien irgendwie „im bloßen Sinn der Wahrheit" impliziert, spricht außer deren „Nachbarschaft" zur Wahrheit nichts. Die Wahrheit ist einfach nur *Idee*, die allein dem Geist zugänglich ist und als seine Möglichkeitsbedingung fungiert. Über die Wahrheit als solche nachzudenken, erinnert ein wenig an ein Gedicht Friedrich Nietzsches mit dem Titel „Sternen-Moral": „Vorausbestimmt zur Sternen-Bahn, was geht dich, Stern, das Dunkel an…" Die Forderung Husserls, dass sich „alle rechtfertigenden Prinzipien möglicher Begründungen … deduktiv zurückführen lassen auf gewisse letzte, unmittelbar evidente Prinzipien, und zwar so, dass die Prinzipien *dieser* Deduktion selbst sämtlich unter diesen Prinzipien vorkommen müssen" (s.o.), klingt sehr scharfsinnig. Sie wird aber nicht dem subjekttheoretischen Urgrund des ganzen Zusammenhangs gerecht. Vielmehr hat sich inzwischen herausgestellt: *Die Theorie, die das Aufkommen des Selbstbewusstseins erklären kann, macht offenbar auch die Grundlagen der Logik durchsichtig, wobei allerdings nur der Satz vom zureichenden Grund unmittelbar im Selbstbewusstsein realisiert ist und deshalb gilt.* Die drei vorab angesprochenen Grundprinzipien waren demgegenüber schon auf der bloßen Bewusstseinsebene wirksam, konnten aber erst im Nachhinein als solche bewusst werden.

5. Kapitel

„Psyche" und „Psychologie"

Nachdem das Ergebnis des letzten Kapitels den Gedanken der Selbstzentrierung des Bewusstseins im 1. Kapitel weiter vertieft hat, dürfte noch deutlicher geworden sein, was alles mit der Selbstentfaltung des vernünftigen Bewusstseins oder auch des Geistes in Gang gebracht wird und möglicherweise darüber hinaus in Gang gebracht werden könnte. Die „Dimension", die sich damit immer weiter auftut, lässt sich am besten mit dem bereits im 1. Kapitel genutzten Terminus „Psyche" charakterisieren. Ein Vorteil dieses Begriffs liegt schon allein darin, dass er auch auf das frühkindliche Bewusstsein und auf Tiere anzuwenden ist und sogar Unbewusstes mit umgreift. Das bedeutet nun wiederum, dass sich in einer Psyche sowohl kausale als auch (bedingt) freie Prozesse abspielen können. Anknüpfend an diese Begriffsklärung kommt auch ein umfassender Begriff der Psychologie ins Spiel, der folglich keineswegs auf das Umfeld kausaler Prozesse beschränkt werden kann.

Der Hinweis betreffend das Forschungsgebiet der Psychologie legt es nahe, auch noch Husserls Verständnis von „Psychologismus" zu prüfen, der im letzten Kapitel erwähnt wurde. Husserl jedenfalls sieht Anlass, die ganze Ebene der Logik dem Zuständigkeitsbereich des konkreten Subjekts zu entziehen und diese Ebene einer „Subjektivität überhaupt"[98] zuzuschreiben. So glaubt er, die Logik und mit ihr die Mathematik als selbstständige Disziplinen auszuweisen, an die die Psychologie nicht heranreicht. Allerdings müssen alle Menschen, also alle realen Subjekte an dieser „Subjektivität überhaupt" teilhaben. Das bedeutet wiederum, dass das konkrete Subjekt sozusagen auf der Strecke einer Art von Reinigungsvorgang bleibt, dessen Anwendungsbereich Husserl übrigens später als „transzendentale epoché" noch viel weiter gefasst hat[99].

So stehen sich in der Theorie Husserls zunächst die konkrete Psyche mit ihrer „Einzelerfahrung" sowie die logische Begründung

---

[98]   Husserl, Prolegomena, S. 111.
[99]   Husserl, Ideen Bd. 1, S. 67ff. bes. S. 73.

und Rechtfertigung gegenüber, wobei letztere jeweils „einsichtig" oder auch „mit einem Schlag" durchschaut wird. Was hier besonders beachtet werden sollte, ist die Tatsache, dass der Terminus „Denken" in dem gesamten Kontext offensichtlich bewusst gemieden wird. Das spricht dafür, dass er sich aus Sicht Husserls nicht dazu eignet, zwischen der Psyche und der konkreten Anschauung einerseits sowie der logischen Begründung und Rechtfertigung andererseits zu vermitteln. So soll letztere durch eine „Erkenntnis im strengen Sinne" erfolgen, in deren Begriff es liegt, „ein Urteil zu sein, das nicht bloß den Anspruch erhebt, die Wahrheit zu treffen, sondern auch der Berechtigung dieses Anspruchs gewiss ist und diese Berechtigung auch wirklich besitzt." Gefordert ist, die Wahrheit „in sich zu erleben und als solche zu erfassen", anderenfalls fehle „bei allen Urteilen die Evidenz", die „von blinden Vorurteilen unterscheidet" und die „die lichtvolle Gewissheit gibt, nicht bloß für wahr zu halten, sondern die Wahrheit selbst zu haben"[100]. Alles läuft auf die *erlebte Evidenz* hinaus. In Übereinstimmung damit heißt es in einem späteren Kapitel: „Evidenz ist ... nichts anderes als das ‚Erlebnis' der Wahrheit." Und ergänzend: *„Wahrheit ist eine Idee, deren Einzelfall im evidenten Urteil aktuelles Erlebnis ist"*[101].

Der subjekttheoretische Kern aber, der die „Grundlagen der Gesetzes*erkenntnis*" liefern soll, geht aus den folgenden Sätzen hervor, die schon früher – sozusagen dramaturgisch unauffällig – zu lesen waren: „Die Fähigkeit, ideierend im Einzelnen das Allgemeine, in der empirischen Vorstellung den Begriff schauend zu erfassen und uns im wiederholten Vorstellen der Identität der begrifflichen Intention zu versichern, ist die Voraussetzung für die Möglichkeit der Erkenntnis"[102]. Fasst man dies mit dem Vorherigen zusammen, zählt das „ideierende Erfassen" zu den „apriorischen Bedingungen, von denen die Möglichkeit der unmittelbaren und mittelbaren *Erkenntnis* ... abhängig ist". Das wird im folgenden Absatz noch etwas konkretisiert: „Man sieht, dass unter subjektiven Bedingungen der Möglichkeit hier nicht etwa zu verstehen sind reale Bedingungen, die im einzelnen Urteilssubjekt oder in der

---

[100] A.a.O. S. 110/111.
[101] A.a.O. S. 190.
[102] A.a.O. S. 101.

wechselnden Spezies urteilender Wesen (z.B. der menschlichen) wurzeln, sondern ideale Bedingungen, die in der Form der Subjektivität überhaupt und in deren Beziehung zur Erkenntnis wurzeln. Zur Unterscheidung wollen wir von ihnen als von *noetischen* Bedingungen sprechen"[103].

Husserl hat mit der „Prolegomena zur reinen Logik" dem Psychologismus philosophiegeschichtlich entscheidend zugesetzt. Das geschah allerdings um den Preis, dass die Rolle der realen Psyche im Erkenntnisprozess extrem verkürzt wurde. Die alles entscheidende ursprüngliche Evidenz im Gedanken „ich" bleibt dabei regelrecht auf der Strecke, womit die Begründung des Ganzen recht fadenscheinig ist.

Kausale Faktoren selbst erkennen

Geht man dagegen davon aus, dass das Denken zur Psyche gehört und dass dem Denken zumeist auch psychische Befindlichkeiten bewusst sind, sieht es anders aus. Selbstbewusstsein und Denken lassen sich nun durch den Ausdifferenzierungsprozess der Psyche erklären, dem gemäß Denken als solches unmittelbar im „ich" gründet und deshalb bedingt frei ist. So ist es dem Menschen im Normalfall möglich, beeinflussende Befindlichkeiten als kausale Faktoren zu erkennen und in den Griff zu bekommen.

Im Sinne der bereits erreichten Konkretisierung des Begriffs vom Denken dürfte inzwischen klar sein: Als im „ich" verankert schafft das Denken u.a. die lebendige Verbindung zwischen spezifischer Idealität (d.h. der Transzendentalität des „ich") und Realität. Deshalb lässt sich auch – ausgehend von der im vorigen Kapitel durchgeführten Besinnung auf die Ursprünge der Logik – der Horizont der Nutzung der logischen Grundsätze abstecken. Einerseits müssen nun alle Wissenschaften rein als solche zumindest indirekt in der ursprünglichen Evidenz des Selbstbewusstseins verankert sein. Andererseits spricht viel dafür, dass es im menschlichen Denken auch nichtwissenschaftliche Formen abgeleiteter Evidenz gibt, die sich unter veränderten Lebensumständen wandeln und die auch völlig neu auftreten können.

---

[103] A.a.O. S. 111.

Für den Bereich der Wissenschaften gilt zunächst: Wo ein Wahrheitsanspruch erhoben wird, muss das rationale Subjekt am Werk sein. Zugleich steht damit andererseits fest, dass das Subjekt auf Grund der Homogenität der ursprünglichen Evidenz, die ja praktische und ästhetische Grundzüge einschließt, stets auch geneigt ist, nichttheoretische Faktoren irgendwie zu „beachten". Diese Beachtung kann darin bestehen, dass man praktische und ästhetische Faktoren bewusst ausschließt und vor deren unbewusstem Einsickern in rein theoretische Bemühungen auf der Hut ist. Es gibt aber auch wissenschaftliche Disziplinen, besonders Geisteswissenschaften, die die Einbeziehung solcher Faktoren geradezu fordern und deren Ergebnisse davon abhängen, dass diese Einbeziehung kontrolliert erfolgt.

Die Erwähnung praktischer und ästhetischer Evidenzaspekte lässt aber auch eine Vorahnung davon entstehen, dass die nichtwissenschaftlichen Fälle abgeleiteter Evidenz im menschlichen Leben mitunter sogar mit guten Gründen eine größere Rolle spielen können als wissenschaftliche. Es gibt eben auch die ganz einfache Wahrheit im Leben, zu der es zu stehen gilt. Es gibt manche Aspekte im Zusammenhang der sogenannten „Weisheit des Alters", die Zweifel praktisch ausschließen. Es gibt das fast schon erdrückende Aufblitzen des moralisch Gebotenen, wo z.B. Hilfe einfach Not tut. Und es gibt die zutiefst bewegende oder auch erhebende ästhetische *Gestalt*, die alle anderen Eindrücke in den Hintergrund treten lässt.

Husserl hat jedoch stets darauf hingewiesen, dass die - hier so genannte – „abgeleitete" Evidenz erst dank der Systematik der Wissenschaften ihre Zuverlässigkeit gewinnt. Diejenige Evidenz allerdings, die in allem Denken mitspielt und ohne die es kein Denken gäbe, hat er nicht herausgehoben. Damit dürfte es in der einen oder anderen Weise auch zusammenhängen, dass er das Thema Freiheit nicht aufgenommen hat. Dabei hätte ihn dies mit Bezug auf seine Unterscheidung von Urteilsakt und -inhalt auch nachdenklicher machen müssen. Die vielleicht krasseste Konsequenz seiner Unterscheidung stellt die folgende Aussage Husserls dar: „Mein Urteilen, dass 2 x 2 = 4 ist, ist sicherlich kausal bestimmt, nicht aber die Wahrheit: 2 x 2 = 4"[104] (S. 119). Wie soll das vereinbar sein?

---

[104] Husserl, Logische Untersuchungen Bd. 1, S. 119.

Die Differenzierungsmöglichkeiten auf der Basis der hier eingeführten Theorie lassen solche Probleme nicht aufkommen. Das zeigt am besten ein weiteres Denkexperiment: Angenommen eine Person will in einem Geschäft zwei Gegenstände zum Preis von 12 und 19 € erwerben und dabei einen anderen Gegenstand, den sie tags zuvor für 23 € erworben, der sich aber als ungeeignet erwiesen hatte, in Zahlung geben. Die Person erfasst nun einerseits gedanklich die drei verschiedenen Beträge und weiß dabei, dass sie die ersten beiden addieren und sodann den dritten davon subtrahieren muss. Sie erfasst also die Beträge, stimmt darauf ihre geistigen Aktivitäten in zwei verschiedenen Rechenarten ab und bereitet an der Kasse die Zuzahlung von 8 € vor. Dass sie dabei stets das Wissen um sich selbst hat sowie darum, dass sie an der Kasse „an der Reihe ist", dass sie Anspruch auf die Inzahlungnahme hat usw., versteht sich von selbst. Somit steht jetzt die Frage im Raum: Wie lässt sich selbst an solch einfachen Vorgängen noch die sichere Unterscheidung von Urteilsinhalt und Urteilsakt durchführen? Und wie soll der gar nicht streng abzugrenzende Urteilsakt in einem Kausalzusammenhang *aufgehen*? Die angeblich so wichtige Unterscheidung erweist sich allenfalls als Instrument zur Verhinderung einer differenzierten wirklichkeitsnahen Klärung des „Phänomens" Denken. Dieses ist eben, wie schon im 3. Kapitel dargelegt, anders als das „ich" nur *bedingt frei. Von empirischen Faktoren affiziert werden zu können, macht dafür seine grenzenlose Anwendbarkeit aus.*

Das schlichte Beispiel des Denkexperiments bestätigt offenbar wieder die Lösung, dass in der virtuellen Selbstzentrierung des Bewusstseins, d.h. im voll entfalteten Selbstbewusstsein, die ursprüngliche Evidenz liegt und dass von ihr aus die weiteren Evidenzmodi leicht durchschaubar werden: Das „ich" als Voraussetzung allen Denkens ist Moment des Denkens und kann jederzeit explizit thematisiert werden. Aber auch unthematisch ist es implizit ständig präsent – quasi als unausweichlicher Erinnerungsposten. Das aber hat zur Folge, dass das Zweifeln, das Vermuten oder auch allgemein das Denken je als solches dem Subjekt zwar evident ist, der *Geltungsanspruch* des jeweils Gedachten aber an dieser Evidenz nicht teilhat. Seine Geltung muss aus anderen Quellen herrühren, wobei schlüssigen wissenschaftlichen Begründungsgängen, vor allem den logischen und mathematischen, eine Sonderrolle zukommt.

Indem nun aber das „ich" als reflexives Moment in *allem* Denken präsent ist, fungiert es durchgehend als potenzielles Korrektiv – etwa auf einer Art Fluchtlinie innerhalb eines grob abgesteckten gedanklichen Korridors nach dem Motto: „Was wollte ich denken und was muss ich dabei noch bedenken". Hier macht sich unübersehbar die Freiheit des Denkens geltend. Deshalb kann sich das Denken im Prinzip auch alle möglichen Einflüsse vergegenwärtigen, die es in seine Spur gebracht haben und die es evtl. von dieser Spur wieder abbringen. Es versteht sich von selbst, dass der erwähnte Korridor des Denkens auch die Denkimmanenz transzendieren kann, um beispielsweise „das Denken als ein Partialphänomen innerhalb der weiteren Existenz zu sehen und es gleichsam von der Existenz her zu bestimmen"[105]. Anders als den Naturwissenschaften und der Mathematik, die das Subjekt allenfalls um seiner Erkenntnisgrenzen willen berücksichtigen (müssen), eignet den Geisteswissenschaften insofern eine eigene Art von Reflexivität, als der handelnde, denkende und fühlende Mensch Teil ihres Erkenntnisgegenstandes ist.

Indem sich der Mensch zumindest durch die Beobachtung anderer Menschen, durch geisteswissenschaftliche Erkenntnisse oder auch durch anspruchsvollere literarische Werke vergegenwärtigen kann, dass alles Denken anfällig ist für erkenntnisfremde psychische Faktoren, ergibt sich auch oft genug Anlass zur Selbstprüfung. Dasselbe gilt für die Wirkung sozialer Bindungen und Einbindungen, die sich in bedingter Gleichschaltung des Denkens von Gruppenmitgliedern oder größerer sozialer Verbände niederschlagen. Die grundlegenden Erkenntnisse der Psychologie und der Sozialpsychologie wie auch der Wissenssoziologie sind heutzutage so geläufig, dass ein Psychologismus sehr schnell auffällt. Wer dagegen geltend zu machen versucht, der Mensch sei prinzipiell nicht in der Lage, solche empirischen Einsichten zu gewinnen und aus solchen Einsichten praktische Konsequenzen zu ziehen, der negiert im Grunde überhaupt die Rationalität von Menschen.

---

[105] Vgl. Karl Mannheim, „Das Problem einer Soziologie des Wissens" in dem Buch „Wissenssoziologie" Berlin/Neuwied 1964, S. 313.

Kants „oberster Probierstein der Wahrheit"

Von einem gereiften subjekttheoretischen Standpunkt aus bedarf es im Übrigen der Aufklärung durch die erwähnten erfahrungswissenschaftlichen Erkenntnisse eher selten. Man muss sich dazu nur die bereits (im 1. Kapitel) erwähnte Fußnote genauer anschauen, mit der Kant seinen Aufsatz „Was heißt: Sich im Denken orientieren?" beschließt. Es scheint gerechtfertigt, sie hier im vollen Wortlaut zu zitieren: „*Selbstdenken* heißt den obersten Probierstein der Wahrheit in sich selbst (d.i. in seiner eigenen Vernunft) suchen; und die Maxime, jederzeit selbst zu denken, ist die *Aufklärung*. Dazu gehört nun eben so viel nicht, als sich diejenigen einbilden, welche die Aufklärung in *Kenntnisse* setzen; da sie vielmehr ein negativer Grundsatz im Gebrauche seines Erkenntnisvermögens ist, und öfter der, so an Kenntnissen überaus reich ist, im Gebrauche derselben am wenigsten aufgeklärt ist. Sich seiner *eigenen* Vernunft bedienen will nichts weiter sagen, als bei allem dem, was man annehmen soll, sich selbst fragen: ob man es wohl tunlich finde, den Grund, warum man etwas annimmt, oder auch die Regel, die aus dem, was man annimmt, folgt, zum allgemeinen Grundsatze seines Vernunftgebrauches zu machen? Diese Probe kann ein jeder mit sich selbst anstellen; und er wird Aberglauben und Schwärmerei bei dieser Prüfung alsbald verschwinden sehen, wenn er gleich bei weitem die Kenntnisse nicht hat, beide aus objektiven Gründen zu widerlegen. Denn er bedient sich bloß der Maxime der *Selbsterhaltung* der Vernunft. Aufklärung in *einzelnen Subjekten* durch Erziehung zu gründen, ist also gar leicht; man muss nur früh anfangen, die jungen Köpfe zu dieser Reflexion zu gewöhnen. Ein *Zeitalter* aber aufzuklären, ist sehr langwierig; denn es finden sich viel äußere Hindernisse, welche jene Erziehungsart teils verbieten, teils erschweren."[106]

Selbst in einer Zeit, in der hochfliegende Vermutungen betreffend die Möglichkeiten der „künstlichen Intelligenz" im Vergleich mit der menschlichen Vernunft zu Science-Fiction-Entwürfen vordringen, behält diese Fußnote Kants ihren Rang. „Selbstdenken" mit allen Konsequenzen und deshalb auch Selbsterhaltung der Vernunft: Welcher Computer verfügt über das dafür unverzichtbare „Ich",

---

[106]   Kant, Was heißt sich im Denken orientieren? S. A 330.

das die Freiheit hat, sich angesichts neuer Herausforderungen in geistiger Hinsicht im Prinzip immer wieder – zumindest in wesentlichen Aspekten – seiner selbst zu versichern, ja in gewisser Hinsicht sich selbst neu zu „erfinden"?

Zum Thema Psychologismus sollte aber auch klar sein, dass angesichts der tatsächlichen Rolle des Denkens keine apriorischen Schranken gegen psychische Einflüsse bestehen. Die gebotene Preisgabe der „noetischen" Begabungen im Sinne Husserls muss deshalb auch verstanden werden als Hinweis darauf, dass die virtuelle Selbstzentrierung des Bewusstseins keineswegs ganz von selbst falsche Einflüsse aller Art ausschließt. Wohl aber lassen sich solche Einflüsse schon auf Basis der Empfehlungen Kants und daraus folgender weiterer Einsichten aufdecken und im Zweifel auch eliminieren. Betreffend die Begriffe „Psyche" und „Psychologie" kann nach all dem nur folgen, dass Philosophie gut beraten ist, die Wissenschaft und den Gegenstand oder besser das Gegenstandsgebiet derselben einfach zu respektieren und zu sehen, welche Erkenntnisse sie hervorbringt. Wissenschaftlich ertragreich kann es jedoch werden, wenn Philosophie Beiträge zu den Bedingungen der Möglichkeit erweiterter Erfahrungserkenntnisse der Disziplin zu liefern vermag.

Empiristische Verkürzungen versus offene Ganzheit

Der Rückgriff auf das „Selbstdenken" Kants in der zitierten Fußnote macht noch etwas anderes deutlich: Viele der in dieser Untersuchung dargelegten Details zum Entstehen der menschlichen Vernunft müssen dem Menschen gar nicht bewusst sein, um diese Vernunft sozusagen alltagsfest zu machen. Wichtig ist allerdings, dass sich der Mensch selbst als offene Ganzheit versteht, indem er um sich weiß, um Wahrheit und Freiheit, um seine Aufgaben usw. Diese offene Ganzheit wird ermöglicht durch das Selbstbewusstsein und seine Transzendentalität. Wenn demgegenüber manche Psychologen und Vertreter verwandter Sozialwissenschaften menschliches Denken und Handeln ausschließlich mit empirischen Methoden zu erklären versuchen, liegt die Gefahr empiristischer Verkürzungen auf der Hand.

In diesem Sinne nehmen aus philosophischer Sicht die Forschungen des amerikanischen Anthropologen und Verhaltensforschers Michael Tomasello zur Kommunikation des Menschen eine Sonderstellung ein. Der Wissenschaftler, der zunächst Psychologie studierte, wurde für die deutsche anthropologische Forschung quasi zu einer Leitfigur, als er für zwei Jahrzehnte (von 1998 bis 2018) Co-Direktor am Max-Planck-Institut für evolutionäre Anthropologie in Leipzig war. Seine Untersuchungen zur menschlichen Kommunikation setzen bei der „geteilten Intentionalität" von Primaten und Menschen an.[107] Tomasello legt sein Augenmerk voll und ganz auf den wichtigen Entwicklungsschritt vom Menschenaffen zum Menschen, wobei er den Begriff des Denkens auch schon voll und ganz auf die Affen anwendet. Gegen die – z.T. auch von amerikanischen Wissenschaftlern vertretene – Auffassung, dass Denken „ausschließlich im Medium der Sprache stattfindet", macht er geltend, Menschenaffen repräsentierten „die Welt kognitiv in einem abstrakten Format, sie vollziehen komplexe kausale und intentionale Schlussfolgerungen mit einer logischen Struktur, und sie scheinen in einem gewissen Sinn zu wissen, was sie tun, indem sie es tun".

Über die Intensität der Erforschung von Konsequenzen der genetischen Nähe von Menschenaffe und Mensch übersieht Tomasello die möglichen Konsequenzen der Tatsache, dass es sowohl bei den Vögeln als mutmaßlich auch bei den Fischen – vor allem den Delfinen – Entwicklungen gibt, welche bei höchst unterschiedlicher Gehirnstruktur immerhin vergleichbare intellektuelle Potenziale wie bei Menschenaffen erschließen. Gerade für den Empiristen müsste es überdies von erheblicher Bedeutung sein, dass das Menschenkind eine Art Frühgeburt darstellt, weil nur außerhalb des Mutterleibs das nötige Wachstum des Kopfumfangs möglich ist, der räumlich die entscheidende Gehirnentwicklung des Kindes, vor allem der Großhirnrinde, erlaubt. Dazu passt es, dass das Fehlen eines „ich" bei den Menschenaffen und die Klärung seiner Funktion beim Menschen dem Empiristen offenbar nicht sehr viel besagt.

---

[107] Michael Tomasello, Die Ursprünge der menschlichen Kommunikation, Frankfurt 2009, und ders. Eine Naturgeschichte des menschlichen Denkens, Berlin 2014.

6. Kapitel

Die Funktion der Einbildungskraft

Der Gang unserer Untersuchung hat bislang den entscheidenden Pfad der geistigen Entwicklung des Menschen nachzuzeichnen versucht. Nachdem sich nun herausgestellt hat, dass die Transzendentalität des Selbstbewusstseins und die bedingt transzendentalen Aktivitäten Denken und Wollen aus psychischen Vorgängen resultieren, spricht dies – wenig überraschend – dafür, dass sich die Psyche des Menschen nicht als geschlossenes Kausalsystem auffassen lässt. Vielmehr muss es so sein, dass die Psyche durch die aufkommende Geistigkeit seitens des Denkens beeinflusst wird, ja dass sie sich sogar in nicht definierten Grenzen umgestalten lassen muss. Diese Umgestaltung dürfte zugleich eine wesentliche Erweiterung umfassen, die sich zumindest in Teilen als Horizonterweiterung beschreiben lassen müsste.

Menschen wie auch höhere Tiere müssen nun über eine psychische Fähigkeit verfügen, die das „Mannigfaltige der Sinnlichkeit" in seiner räumlichen und zeitlichen Ordnung kontinuierlich auffasst und das Aufgefasste – evtl. in Abschattungen oder in Ausschnitten – zu reproduzieren gestattet. Dies ist zugleich die – empirisch feststellbare – Ausgangslage für die Herausbildung menschlichen Denkens. Lehnt man sich an die Terminologie Kants an, bedarf der Mensch mit Bezug auf das Mannigfaltige der Sinnlichkeit einer *Einbildungskraft*, die die notwendige „Synthesis" dieses Mannigfaltigen vollzieht.[108] Kant beschreibt sie als „das Vermögen, einen Gegenstand auch *ohne dessen Gegenwart* in der Anschauung vorzustellen", wobei er allerdings noch die *produktive* und die *reproduktive* Einbildungskraft unterscheidet.[109] Die Synthesis der letzteren sei „lediglich empirischen Gesetzen, nämlich denen der Assoziation, unterworfen", sie trage dadurch „zur Erklärung der Möglichkeit der Erkenntnis a priori nichts bei" und gehö-

---

[108] Kant, Kritik der reinen Vernunft, S. B103.
[109] A.a.O. S. B150f.

re „um deswillen nicht in die Transzendentalphilosophie, sondern in die Psychologie."[110]

Aus Sicht Kants liegt das Entscheidende in der *produktiven Einbildungskraft des Denkens* und der „Erkenntnis a priori". Nachdem er seine Tafel der Kategorien[111] aus der Urteilstafel[112] herzuleiten beansprucht hat, muss er aufzeigen, wie das „Mannigfaltige der Vorstellungen", das „in einer Anschauung gegeben wird" allein durch die „Spontaneität der Vorstellungskraft" eine Synthese erfährt. Diese Verbindung nämlich „kann niemals durch Sinne in uns kommen"[113]. Dafür wiederum sollen die Kategorien unerlässlich sein.[114] Der ganze Aufwand aber wird betrieben, weil das „Ding an sich" angeblich unerkennbar ist und die Sinnesdaten keine Informationen über dasselbe liefern.

Unter den Gründen, die gegen diesen Ansatz sprechen, bedürfen aus Sicht der vorliegenden Untersuchung besonders diejenigen der Beachtung, die zeigen, dass Tiere sowie Kleinkinder vor Erreichung des Selbstbewusstseins schon außerordentlich viel aus der angeblich unerkennbaren Sphäre des Dings an sich in einer Weise durchschauen, dass die Beschränkung der Synthese der Anschauung auf den einzig spontanen Verstand nicht durchzuhalten ist.[115] Das aber bedeutet, dass die Abgrenzung einer bloß „reproduktiven Einbildungskraft" nicht tragfähig sein kann. Es spricht sogar alles dafür, dass das vernünftige Denken, entstanden durch die im 1. Kapitel dargestellte Ausdifferenzierung der Psyche, einerseits von dieser Einbildungskraft abhängig ist und andererseits ihre Anwendungsbreite erheblich vergrößert.

Gegenwärtiges und Erinnertes

In diesem Sinne stützt sich beispielsweise ein zeitlich projizierendes Denken sehr weitgehend auf die Fähigkeiten der Einbildungskraft und erweitert dabei diese Fähigkeiten schrittweise. Die Einbildungskraft ist – in unterschiedlichen Differenzierungsgraden –

---

[110] A.a.O. S. B 152.
[111] A.a.O. S. B 106.
[112] A.a.O. S. B 95.
[113] A.a.O. S B 129f.
[114] A.a.O. S. B 143.
[115] Vgl. dazu schon das 3. Kapitel.

ein unerlässlicher Faktor. In allem bewussten Leben hat sie schon für viele – vor allem für die höheren – Tiere ausschlaggebende Bedeutung. Erst die Einbildungskraft ermöglicht überhaupt so etwas wie zusammengefügte, geordnete Wahrnehmungen. Sie macht zugleich die Einbeziehung derselben in Erinnertes oder ihren Vergleich mit Erinnertem möglich. Ohne sie entsteht kein wirkliches Bewusstsein und so auch kein Bewusstsein von Wirklichem.

Kants Hinweis darauf, dass die reproduktive Einbildungskraft „in die Psychologie gehöre" erinnert im Kontext der hier vorangetriebenen Überlegungen an Husserls Ausführungen zum Psychologismus, den dieser dadurch glaubt zurückdrängen zu können, dass er – wie im vorigen Kapitel angedeutet – „noetische Bedingungen" des Erkennens einführt, die keine „realen Bedingungen" sind, welche „im einzelnen Urteilssubjekt wurzeln, sondern ideale Bedingungen, die in der Form der Subjektivität überhaupt und in deren Beziehung zur Erkenntnis wurzeln."

Im Gegensatz zu solchen philosophischen Theorien, die gleichsam eine Art strukturierten Überbaus gegen Areale des Bewusstseins abgrenzen und dann mit letztlich vergeblichen Mühen eine Einheit zurückzugewinnen suchen, sieht der hier vertretene Ansatz gar keinen Anlass, auf etwas anderes als ein ungeteiltes, konkretes Bewusstsein zu setzen. Dieses gelangt allerdings nur dadurch zur Vernunft, dass es dank des Selbstbewusstseins eine entscheidende reale Aktivität ausdifferenziert, das Denken. Das wiederum agiert nur dank und unter bleibender Einbeziehung des „ich" – ob explizit oder implizit. Allein dieses ist das entscheidende transzendentale Moment. In jedem konkreten Bewusstsein gibt es deshalb auch nur *eine* Einbildungskraft, die – mutmaßlich unbegrenzt - im *denkenden* Bewusstsein auf diverse Aufgaben ausgerichtet und für dieselben kraft des Denkens regelrecht geschult werden kann. Vor dem Hintergrund, dass sich nach den grundlegenden Aspekten des 1. Kapitels „im frühen ich-Gedanken ... theoretische, praktische und ästhetische Momente in homogener Evidenz" verbinden, die überdies dabei alle drei unerlässlich sind, spielt die Einbildungskraft im je konkreten Bewusstsein offenbar eine umfassende Rolle. Das Kind, das von solchen Unterscheidungen nichts weiß und auch noch nichts wissen muss, ist sich der damit angedeuteten Fähigkeiten – zumindest teilweise – bewusst.

Eine klare Abgrenzung dieses „Vermögens" (im Sprachgebrauch Kants) bereitet jedoch Schwierigkeiten. Schon in seiner „Anthropologie in pragmatischer Hinsicht" hatte er ergänzende Hinweise gegeben: „Die Einbildungskraft (facultas imaginandi), als ein Vermögen der Anschauungen auch ohne Gegenwart des Gegenstandes, ist entweder *produktiv*, d.i. ein Vermögen der ursprünglichen Darstellung des letzteren (exhibitio originaria), welche also vor der Erfahrung vorhergeht; oder *reproduktiv*, der abgeleiteten (exhibitio derivativa), welche eine vorher gehabte Anschauung ins Gemüt zurückbringt." Ergänzend heißt es dazu: „Die Einbildungskraft ist (mit anderen Worten) entweder *dichtend* (produktiv) oder bloß *zurückrufend* (reproduktiv). Die produktive aber ist dennoch darum eben nicht *schöpferisch*, nämlich nicht vermögend, eine Sinnenvorstellung, die vorher unserem Sinnesvermögen *nie* gegeben war, hervorzubringen, sondern man kann den Stoff zu derselben immer nachweisen".[116]

Unter den weiteren abgrenzenden Bestimmungen Kants braucht in dem hier interessierenden Zusammenhang nur noch eine hervorgehoben zu werden, die zugleich systematische Bedeutung hat und bis dahin ausgeschlossen schien: „Die Originalität (nicht nachgeahmte Produktion) der Einbildungskraft, wenn sie zu Begriffen zusammenstimmt, heißt *Genie*; stimmt sie dazu nicht zusammen, *Schwärmerei* ..."[117] Bei der Einschränkung „wenn sie zu Begriffen zusammenstimmt" dürfte Kant seine „Kritik der Urteilskraft" mit ihren Ausführungen zur „ästhetischen Urteilskraft" im Sinn haben, was hier ausgeklammert werden kann.

Es hatte sich schon gezeigt[118], dass sowohl das frühkindliche Bewusstsein als auch das Bewusstsein höherer Tiere – zumindest solcher mit „Köperselbst" – über eine klare Kenntnis von bleibenden Gegenständen („Objektpermanenz") verfügen und dass Kants Theorie diesem Faktum nicht gerecht zu werden vermag. Die nunmehr hinzugezogene Textpassage aus Kants Anthropologie lässt zudem – nicht überraschend – deutlich werden, dass sich auch sein Begriff der Erfahrung auf den – oft sehr bemerkenswerten – Kenntnishorizont der besagten Tiere und Kleinkinder nicht an-

---

[116] Kant, Anthropologie in pragmatischer Hinsicht, S. B 69f.
[117] A.a.O. S. B 76.
[118] Vgl. 3. Kapitel.

wenden lässt. Nun gilt es jedoch auseinanderzuhalten, ob sich Erfahrungen in *Urteilen* manifestieren oder „nur" in Aktivitäten bzw. Handlungen, welche erworbene *Kenntnisse* berücksichtigen. Dieses Problem ist allerdings dadurch weiter einzugrenzen, dass manche Kenntnisse ganz schlicht durch spürbare Nachteile entstehen, die unmittelbar aus Aktionen resultieren: Die heiße Herdplatte zu meiden, erfordert seitens des Kindes keiner neuartigen mentalen Bemühungen, und auch ein Stinktier in Ruhe zu lassen, bedarf seitens größerer Raubtiere keiner neuen Einsicht. Wirkliche Einsichten setzen dagegen etwas voraus, was Psychologen und Anthropologen als *Intelligenz* bezeichnen.

Zum Begriff der Intelligenz

In diesem Sinne hat Max Scheler in seinem Werk „Die Stellung des Menschen im Kosmos"[119] auch der Intelligenz von Tieren Aufmerksamkeit geschenkt. Er stützte sich dabei u.a. auf Arbeiten des Psychologen Wolfgang Köhler, der seinerzeit die Primatenforschung erheblich vorangetrieben hatte. „Ohne Hinblick auf die psychischen Vorgänge" definiert Scheler das intelligente Verhalten zunächst so: „Ein Lebewesen verhält sich <intelligent>, wenn es ohne Probierversuche oder je neu hinzutretende Probierversuche ein sinngemäßes – sei es <kluges>, sei es das Ziel zwar verfehlendes, aber doch merkbar anstrebendes, d.h. <törichtes> (<töricht> kann nur sein, wer intelligent ist) – Verhalten *neuen*, weder art- noch individualtypischen Situationen gegenüber vollzieht, und zwar *plötzlich* und vor allem *unabhängig von der Anzahl* der vorher gemachten Versuche, eine triebhaft bestimmte Aufgabe zu lösen. Wir sprechen von <organisch gebundener> Intelligenz ... und wir nennen diese Intelligenz auch <praktisch>, da ihr Endsinn immer ein *Handeln* ist, durch das der Organismus sein Triebziel erreicht (bzw. verfehlt). Dieselbe Intelligenz kann beim Menschen in den Dienst spezifisch *geistiger* Ziele gestellt werden; erst dann erhebt sie sich über Schlauheit und List."[120]

---

[119] Max Scheler, Die Stellung des Menschen im Kosmos, 8. Aufl., Bern und München 1975.
[120] A.a.O. S. 32f.

Die ruhige Abwägung dessen, was hier „Intelligenz" genannt wird, liefert erste Gründe für die Vermutung, dass sich in dieser Definition bereits ein Anthropomorphismus verbirgt und noch dazu einer, der die Geistigkeit des Menschen einfach voraussetzt und nicht ins Auge fasst, was sich in der kindlichen Entwicklung abspielt. Das wird noch deutlicher, wenn Scheler anschließend die „psychische Seite" betrachtet und nun die Intelligenz definiert „als die plötzlich aufspringende Einsicht in einen zusammenhängenden *Sach- und Wertverhalt* innerhalb der Umwelt, der weder direkt wahrnehmbar gegeben ist noch auch je vorher wahrgenommen wurde, d.h. reproduktiv verfügbar wäre. Positiv ausgedrückt: als Einsicht in einen Sachverhalt (seinem Dasein und zufälligen Sosein nach) auf Grund eines Beziehungsgefüges, dessen Fundamente zu einem Teil in der Erfahrung gegeben sind, zum anderen Teil antizi-patorisch in der Vorstellung, z.B. auf einer bestimmten Stufe opti-scher Anschauung, hinzu ergänzt werden. Für dieses nicht repro-duktive, sondern produktive Denken ist also kennzeichnend immer die *Antizipation*, das Vorher-Haben eines neuen, nie erlebten Tatbe-standes (pro-videntia, Klugheit, Schlauheit, List)."[121]

Für den Fortgang dieser Untersuchung genügt zunächst der Hinweis, dass Scheler auch noch den Unterschied der Intelligenz von assoziativem Gedächtnis und Instinkt herausarbeitet. Dabei bleiben jedoch zwei Aspekte ungeklärt: Zum einen könnte das as-soziative Gedächtnis dennoch für manche Fälle auftretender Intel-ligenz eine notwendige Bedingung darstellen, weil z.T. erst dadurch neue inhaltliche Kombinationen möglich werden. Zum anderen dürften Instinkte unter dem Eindruck stetig sich wandelnder Er-fahrungen jedes einzelnen Individuums sozusagen von ihren Rän-dern her variabler werden. Tierarten, die auf solchen Wandel keine neuen Reaktionen entwickeln, sterben schneller aus. Scheler erwähnt als Fälle auftretender Intelligenz etwa das bereits oben (1. Kapitel) angeführte „Aha-Erlebnis", ein Ausdruck, der auf Köhler zurück-geht.[122] Eindrucksvoll sind daneben die Fälle der gelegentlichen Nutzung von irgendwelchen Gegenständen als „okkasionelle" Werkzeuge, wozu der Autor dann noch erläutert, dass solche Nut-

---

[121] A.a.O. S. 32f.
[122] A.a.O. S. 33f.

zung „nicht durch bewusste reflexive Tätigkeit" stattfindet, „sondern durch eine Art anschaulicher Umstellung der Umweltgegebenheiten selbst."[123]

Es versteht sich von selbst, dass alles Nachdenken über die Entwicklungsperspektiven tierischen Bewusstseins stets beachten muss, dass das Tier nicht über Begriffe verfügt und dass es nur auf der Basis von unterschiedlichen Anschauungen und Anschauungselementen einschließlich weiterer physischer Beschaffenheiten des Angeschauten agiert. Je nach dem, welchen Differenzierungsgrad sein Gehirn mit Bezug auf solche Wahrnehmungen, ja auf die Sinnlichkeit insgesamt erlaubt, muss das Bewusstsein Anfänge oder Vertiefungen einer *peripheren Reflexivität* aufweisen (vgl. schon oben 1. Kapitel), d.h. dass Wahrgenommenes nicht nur gleich einem Film einfach abläuft, sondern dass auch Veränderungen auf der Zeitachse kurzzeitig bewusst und auf längere oder gar lange Dauer gespeichert werden. Da das Leben und das Überleben vieler Tierarten von solchen Möglichkeiten und deren weiterer Ausbildung abhängt, kommt der sowohl produktiv als auch reproduktiv aktiven Einbildungskraft eine wachsende Bedeutung zu. *Sie ist die entscheidende Basis der peripheren Reflexivität*. Je weiter diese voranschreitet, findet sie auch schrittweise Anwendung auf den je eigenen Körper eines Tieres in seiner Ganzheit, weshalb das bereits im 1. Kapitel eingeführte „Körperselbst" einiger Tierarten und des Kleinkindes eine entscheidende Durchgangsstufe darstellt.

Der solchermaßen erweiterte Erkenntnisstand betreffend die Funktion der Einbildungskraft eröffnet auch neue Perspektiven in Hinsicht auf die geistige Entwicklung des Menschen. Einerseits kommt es nämlich ohne die Einbildungskraft offensichtlich nicht zum Selbstbewusstsein und damit zum Denken. Andererseits aber neigt nicht jeder Denkende dazu, die Entfaltungsmöglichkeiten seiner Einbildungskraft richtig einzuschätzen und ihr gleichsam Spielräume zu lassen, in denen sie manches Neuen gewahr wird, auf welches dann auch wieder das Denken eingehen kann – aber keineswegs muss. Wohl aber ist dem vernünftigen Bewusstsein die Möglichkeit der jederzeitigen Nutzung seiner Einbildungskraft bewusst. Es gibt auch diverse Bereiche, in denen das Denken die

---

[123] A.a.O. S. 35.

Nutzung von Möglichkeiten der Einbildungskraft regelrecht vorantreibt. Das kann in einem von der Vernunft bestimmten Sinne geschehen oder auch so, dass der Einbildungskraft freies Spiel gelassen wird und die Vernunft eher an der Ausgestaltung mitwirkt, idealtypisch etwa am Kunstschönen.[124]

Ein ganz neues Prinzip?

Der Ausgang von dem bekannten Werk Kants hat uns – von ihm so gewiss nicht erwartet – mit Bezug auf den von ihm benutzten Begriff der Einbildungskraft Gründe dafür geliefert, in der Funktion dieser Kraft eine Weiterentwicklung dessen zu erkennen, was auch schon beim Tier auftritt. Auf diese Kontinuität geht Scheler aber nur indirekt ein. Allgemeiner hält er fest: „In allem Affektiven steht das Tier dem Menschen ... noch viel näher als in Bezug auf Intelligenz. Geschenk, Hilfsbereitschaft, Versöhnung und ähnliches kann man bereits bei Tieren finden."

Die Fragestellung, um die es nach seiner Ansicht nun aber vor allem geht, lautet: „Besteht dann, wenn dem Tiere bereits Intelligenz zukommt, überhaupt noch *mehr* als ein nur gradueller Unterschied zwischen Mensch und Tier – besteht dann noch ein *Wesensunterschied*? Oder aber gibt es über die bisher behandelten Wesensstufen hinaus noch etwas ganz anderes im Menschen, ihm spezifisch Zukommendes, was durch Wahl und Intelligenz überhaupt nicht getroffen und erschöpft ist?"[125] Schelers anthropologischer Ansatz, der den Unterschied zwischen Mensch und Tier thematisiert, hat den großen Vorzug, dass auf diese Weise deutlicher werden muss, was alles Philosophie voraussetzt, wenn sie vom vernunftbegabten Menschen ausgeht.

„Die einen wollen dem Menschen Intelligenz und Wahl vorbehalten und sie dem Tier absprechen: sie erkennen zwar einen überquantitativen Unterschied, einen Wesensunterschied an, behaupten ihn aber da, wo nach meiner Ansicht kein Wesensunterschied vorliegt", schreibt Scheler. „Die anderen, insbesondere alle Evolutionisten der Darwin- und Lamarckschule, lehnen mit Darwin, G. Schwalbe und auch mit W. Köhler einen letzten Unterschied zwi-

---

[124]   Vgl. dazu unten 9. Kapitel.
[125]   A.a.O. S. 36.

schen Mensch und Tier ab, eben weil das Tier auch bereits Intelligenz besitze…"

„Was mich betrifft, so weise ich beide Lehren zurück", heißt es danach. „Ich behaupte: Das Wesen des Menschen und das, was man seine <Sonderstellung> nennen kann, steht *hoch* über dem, was man Intelligenz und Wahlfähigkeit nennt, und würde auch dann nicht erreicht, wenn man sich diese Intelligenz und Wahlfähigkeit quantitativ beliebig, ja bis ins Unendliche gesteigert vorstellte…. Das neue Prinzip steht *außerhalb* alles dessen, was wir <Leben> im weitesten Sinne nennen können. Das, was den Menschen allein zum <Menschen> macht, ist nicht eine neue Stufe des Lebens – erst recht nicht nur eine Stufe der *einen* Manifestationsform dieses Lebens, der <Psyche> –, sondern es ist ein allem und *jedem Leben überhaupt, auch dem Leben im Menschen entgegengesetztes Prinzip*: eine echte neue Wesenstatsache, die als solche überhaupt nicht auf die <natürliche Lebensevolution> zurückgeführt werden kann, sondern, wenn auf etwas, nur auf den obersten Grund der Dinge selbst zurückfällt: auf denselben Grund, dessen *eine* große Manifestation das <Leben> ist". Diesen Grund fasst Scheler anschließend unter dem weit ausgelegten Terminus „*Geist*" zusammen, dessen Aktzentrum die „*Person*" sei.[126]

Ohne dass diese Lehre Schelers in extenso interpretiert werden müsste, erscheint die hier entwickelte Selbstbewusstseinstheorie weit schlichter und kann für sich obendrein in Anspruch nehmen, einen wirklichen Grund zu liefern, der uneingeschränkt zum Leben gehört. Diese Theorie muss den Darwinismus gar nicht zurückweisen, sie erweitert ihn vielmehr um jenen grundlegenden Aspekt, von dem allein aus sich die Lehre Darwins als gegründet erweisen kann.

So zieht unsere Theorie freilich auch den empiristischen Implikaten der Lehre Grenzen. Sie vermag es aufzuzeigen, wie die Idee der Wahrheit als prinzipielles Novum dem Leben zur Seite tritt. Letzteres taucht allerdings – ohne schlüssigen Beweisgang und doch wie eine Bestätigung – als These bei Scheler auf: „… die Autonomie des Geistes ist die oberste Voraussetzung für die Idee

---

[126] A.a.O. S. 37/38.

der Wahrheit und ihre mögliche Erkennbarkeit"[127]. Die hier durchgeführte Rückbesinnung auf die Funktion der Einbildungskraft, die
man als eine conditio sine qua non allen wirklichen Bewusstseins
interpretieren sollte, zeigt jedenfalls deren große Bedeutung für die
Evolution tierischen Lebens bis hin zum Leben des vernunftbegabten Menschen.

---

[127] A.a.O. S. 64.

7. Kapitel

Freiheit und Selbstverständigung

Die Neubesinnung auf die Funktion der Einbildungskraft bei Tier und Mensch hat für die Suche nach einer überzeugenden Subjekttheorie beträchtliche Konsequenzen. Nachdem sich nämlich schon im 1. Kapitel gezeigt hatte, dass der Mensch dank seiner mentalen Ausstattung trotz vielfältiger Einbindung in Kausalprozesse frei ist, muss jetzt endgültig davon ausgegangen werden, dass nicht nur die Einbildungskraft das Denken bedingt, sondern dass das Denken auch in Grenzen – sowohl gewollt als auch ungewollt – auf die Einbildungskraft einwirken kann. Diese im Grunde vertraute Einsicht wird nicht zuletzt durch ein im Prinzip offenes, vorrangig begriffsgestütztes Lernvermögen bestätigt, das allein beim Menschen vorzufinden ist.

Wie ebenfalls bereits im 1. Kapitel dargelegt wurde, dauert es relativ lange, bis ein junger Mensch den Begriff der Freiheit angemessen erfasst. Anders als beim Begriff der Wahrheit kann auch nicht davon ausgegangen werden, dass es jedermann geläufig wäre, dass Freiheit im Kern eine Idee ist. Diese Idee lässt sich ähnlich wie die Wahrheit nur anstreben. Solches Streben aber hat für die Führung eines Lebens hohen Rang. Die Freiheit gründet, wie sich herausgestellt hatte, im „ich"-Gedanken, der als solcher aller Kausalität enthoben ist. Verankert im ihm kann das reifere Denken allmählich solcher Einflüsse gewahr werden, die seiner Freiheit Abbruch tun.

Das bei Kindern aufdämmernde Freiheitsverständnis kann allerdings zunächst leicht als Missverständnis gedeutet werden, insofern hier die Freiheit eher als „Freiheit von" verstanden zu werden scheint. Bedenkt man jedoch, dass Kinder in dieser Entwicklungsphase im Normalfall den Begriff Freiheit noch gar nicht kennen, sprechen viele ihrer frühen Bestrebungen nach dem Aufkommen des Selbstbewusstseins lediglich dafür, dass sie gerade dies oder jenes *wollen*, woraus sich mit der Zeit allmählich ein begründungsfähiger bzw. sogar ein begründeter Wille formt.[128] Der Weg dahin

---

[128] Vgl. schon 3. Kapitel.

kann kürzer oder länger sein, wobei sich manche der dazu erforderlichen Fortschritte als Gang einer *Selbstverständigung* beschreiben lassen dürften, die vorrangig – aber nicht nur – aus Versuch und Irrtum resultiert. Aber auch die begründete Unterscheidung oder die bewusste Kombination von Gewolltem spricht dafür, dass eine Reflexion der Vernunft auf das Wollen als solches beginnt oder begonnen hat, was eine weitere Vorstufe zur Bildung eines regelrechten Willens sein dürfte.

Eine einfühlsame Begleitung der kindlichen Entwicklung durch Bezugspersonen versteht es im Übrigen, dem entstehenden Willen erste Ziele zu vermitteln, in deren Verwirklichung ein Kind Genugtuung empfindet. Der Prozess solcher Vermittlung gewinnt damit für das Kind zugleich den Charakter einer erweiterten Selbstverständigung. Dazu tragen indirekt auch solche Fälle bei, in denen das angestrebte Ziel *nicht* erreicht wird: Zu verstehen ist für das Kind daraus entweder, dass dieses Ziel nicht zu erreichen ist oder dass ein anderer Weg eingeschlagen werden müsste, um dahin zu gelangen. Die erforderliche Selbstverständigung kann so auch Gespräche mit anderen Menschen einbeziehen. Ja sie kann sogar bei geistiger Beweglichkeit mit den Jahren die Form einer regelrechten selbstkritischen Überprüfung annehmen, die sich bewusst auch neu gewonnener Maßstäbe bedient.

Zurückkehrend zu den Anfängen gilt aber schon: Wer Kleinkinder in ihrer Entwicklung genauer beobachtet oder sich sogar mit ihnen gründlicher beschäftigt hat, der kennt ihre Offenheit für alle möglichen Anregungen. Haben sie zum Selbstbewusstsein gefunden und beginnen nun den bereits verfügbaren Wortschatz – in Sonderheit die Verben – vom „ich"-Gedanken her in Anlehnung an den Sprachgebrauch der Bezugspersonen neu zu ordnen und laufend zu erweitern, weiten sich die erwähnten Anregungen z.T. auf neue Bereiche aus. So erschließen sich dem Kind auch immer neue Möglichkeiten, der Sache nach also neue Horizonte der Freiheit, ohne dass es mit dem Begriff der Freiheit überhaupt schon vertraut sein müsste. Anders als derjenige der Wahrheit kommt dieser Begriff seitens der Bezugspersonen allenfalls in Ausnahmesituationen für eine frühzeitige Vermittlung in Betracht. Im Normalfall ist eine solche auch erst nach dem Gewinn und der Festigung eines identischen Willens des jungen Menschen sinnvoll.

Der Vergleich unterschiedlicher Gesellschaftssysteme und die Einbeziehung von armen Ländern der Dritten Welt lässt hier jedoch einiges fragwürdig werden: Etwas ältere Kinder sind dort allzu oft so früh zur Arbeit auf dem Land, zum anderweitigen Gelderwerb und zur Übernahme der Verantwortung für jüngere Geschwister gezwungen, dass sie vielleicht nach außen einen festen Willen an den Tag legen (müssen), dass aber von Freiheit gar nicht die Rede sein kann. Was bislang als Selbstverständigung im Sinne der Entwicklung eines identischen Willens und seiner Freiheit dargelegt wurde, reduziert unter solchen Bedingungen die Selbstverständigung tendenziell auf ein bloßes „Du musst". Dies könnte nun zwar den frühen Gewinn und die Festigung eines identischen Willens erklären, aber welche Bedeutung hätte es für das Bewusstsein der je eigenen Freiheit? Wenn man jedoch bedenkt, was der Ruf nach Freiheit bei Unterdrückten auslösen kann, spricht viel dafür, dass die Idee der Freiheit tief im Menschen verankert ist, genauer: dass der Mensch mit der Idee der Freiheit in einem bedeutsamen Sinn *zu sich* findet. Wie aber kann es dann sein, dass es bis in die Gegenwart Philosophen gibt, die an der Freiheit des Menschen zweifeln, die einfach nur Kausalität zu erkennen glauben? Macht sich vielleicht der Mensch mit seinem Reden von der Freiheit nur selbst etwas vor?

Dieser Stand der Untersuchung legt die Hinzuziehung der Theorie eines Denkers der Gegenwart nahe, der an der Freiheit des Menschen festhält und so das „zentrale Element des *common sense* gegen verbreitete naturwissenschaftliche und philosophische Überspanntheiten" verteidigt: des Münchner Philosophen Julian Nida-Rümelin. In dem Essay „Warum die Annahme menschlicher Freiheit begründet ist"[129] charakterisiert er bereits im Vorwort die „Freiheit als die spezifische Fähigkeit des Menschen Gründe abzuwägen und dieser Abwägung entsprechend zu handeln".[130]

Unter Berufung auf den britischen Philosophen Peter Strawson und auf dessen US-Kollegen R. Jay Wallace schreibt Nida-Rümelin u.a.: „Wir als normale menschliche Wesen, eingebettet in soziale Zusammenhänge, können gar nicht anders, als Verantwort-

---

[129]   In: Julian Nida-Rümelin, Über menschliche Freiheit, Stuttgart 2005, S. 7.
[130]   A.a.O. S. 8.

lichkeit und Freiheit in dem Umfang vorauszusetzen, wie es für die von uns allen geteilten moralischen Empfindungen und Einstellungen ... erforderlich ist. Unsere lebensweltlichen interpersonalen Beziehungen lassen keinen Spielraum für theoretische Überzeugungen, die diese Einstellungen als unbegründet erscheinen lassen würden".[131] Strawson und Jay hätten „die unsere Lebenswelt prägenden moralischen Einstellungen und Empfindungen" als *transzendentale* Größen verstanden bzw. vergleichbar eingestuft.[132] Nida-Rümelin sucht dieser Einstufung insofern einen philosophisch solideren Unterbau zu schaffen, indem er auf *Gründe* bzw. auf *Handlungsgründe* setzt: „Die entscheidende Frage ist, ob das Verhalten der Person einsehbar für andere von Gründen gesteuert ist oder nicht. Ob die Person zur Abwägung von Gründen fähig ist, ob sie Einwänden, d.h. Gegengründen gegenüber zugänglich ist, kurz: ob man ein hinreichendes Maß an Rationalität voraussetzen kann. Mit *Rationalität* ist nichts anderes gemeint als genau dies: *Das Handeln ist von Gründen geleitet.* Die Person kann in kohärenter Weise Auskunft geben, wenn befragt, aus welchen Gründen sie sich so und nicht anders verhalten hat."[133]

Auf der Basis solcher Gründe, die „objektiv" gelten und an welche naturwissenschaftliche Methoden nicht heranreichen, gelangt Nida-Rümelin zum „Non-Naturalismus" und zwar zu derjenigen „non-naturalistischen Variante", die er als „Humanismus" bezeichnet. Gründe und Handlungsgründe seien hier zusammenzufassen, da die Gegenüberstellung von „Gründen der Rationalität" und solchen „der Moral", also von theoretischen und praktischen Gründen „ohnehin nicht durchzuhalten" sei.[134] Zum Thema Freiheit kommt der Autor in dem Essay zu dem Ergebnis: „Menschliche Freiheit im Sinne der naturalistischen Unterbestimmtheit von Gründen – theoretischen und praktischen – ist kein isoliertes philosophisches Postulat, sondern tief mit unserer alltäglichen Praxis

---

[131] A.a.O. S. 27.
[132] A.a.O. S. 28.
[133] A.a.O. S. 29/30.
[134] A.a.O. S. 34ff. Nida-Rümelin weist in dem Zusammenhang auf eine frühere Veröffentlichung hin.

der Verständigung und der moralischen Beurteilung verwoben. Freiheit ist in diesem Sinne wohlbegründet."[135]

Eine Fußnote gegen Abschluss des Essays ist für die vorliegende Untersuchung von besonderer Relevanz. Sie nimmt Bezug auf eine Textpassage, in der Nida-Rümelin nochmals die Bedeutung der Gründe für seine Argumentation hervorhebt. Sie abzuwägen und „unsere Überzeugungen und Handlungen" davon leiten zu lassen, sei – „etwas dramatisch" formuliert – eine „ultimative Grenze für die Erklärungskraft naturalistischer Argumente und Theorien". Dazu ergänzt die Fußnote: „Philosophen, die vom Deutschen Idealismus geprägt sind, werden dem entgegenhalten: <Nein, die ultimative Grenze wird nicht durch Gründe, sondern durch Selbstbewusstsein gezogen>. Ich will dem gar nicht widersprechen, weil ich vermute, dass diese beiden Grenzen deckungsgleich sind."

Diese Vermutung bestätigt tatsächlich, dass der Autor eher im Vorläufigen beheimatet ist. Im Sinne der hier entwickelten Theorie müsste, vom Ergebnis der Vermutung her betrachtet, eingewandt werden, dass der Mensch von Gründen überhaupt nur deshalb reden kann, weil erst mit dem Gedanken „ich" der Satz vom zureichenden Grund aufkommen konnte.[136] Nur dank der Virtualität des „ich"-Gedankens werden ein – bedingt freies – Denken und damit auch Grund (und Gründe) möglich. Diese Freiheitsbedingung[137] macht es erforderlich, dass das Denken, wie oben ausgeführt[138], falsche Einflüsse auf das quasi rohe Freiheitsverständnis entlarvt und abwehrt, so dass die (einzig legitime) transzendentale Freiheits*idee* den Ausschlag gibt. Ohne diesen Kern aller Freiheitsgedanken lässt sich nicht schlüssig erklären, wie es sein kann, dass die Freiheit ein Anliegen aller Menschen ist, dem transzendentaler Rang zukommt. Die Vielfalt möglicher Gründe, die im Sinne Nida-Rümelins transzendentalen Rang haben sollen, ist dagegen geeignet, den Begriff „transzendental" weitestgehend zu relativieren. So sind z.B. „Hunger" oder auch „Appetit" und damit dann auch „Lust" mögliche Handlungsgründe. Soll das nicht gelten, müsste der Terminus „transzendental" viel klarer gefasst werden,

---

[135]   A.a.O. S. 43.
[136]   Vgl. 4. Kapitel.
[137]   Vgl. dazu schon das 1. Kapitel.
[138]   Vgl. 3. Kapitel.

wobei dann mutmaßlich der „common sense" als solcher in die Defensive geriete.

Zurückkommend auf den bereits angesprochenen identischen Willen bleibt es wie bei dem Freiheitsbewusstsein dabei, dass sich die Herausbildung beider keineswegs an bestimmten Altersgrenzen des Kindes festmachen lässt, wie dies etwa in Gesetzesparagrafen für Volljährigkeit und Strafmündigkeit festgelegt ist. So ist der Wille wie alles Denken im „ich" transzendental verankert und zugleich in faktisches Geschehen eingebunden.[139] Er kann sich auch – wie das sonstige Denken – seiner Freiheit jederzeit vergewissern. Aber von einer *Reife* im Sinne einer *verantworteten* Freiheit kann nicht so einfach ausgegangen werden. Folglich bleibt es denn weiteren Schritten der Selbstverständigung überlassen, die in dem Gesamtzusammenhang die wichtige Funktion haben, die um des „ich" willen unerlässliche Einheit – im Zweifel sogar immer neu – zu sichern und jeder ernsteren Spaltung vorzubeugen. In dem beschriebenen Sinne kann dann die Idee der Freiheit dem Menschen sogar mit Bezug auf sein Leben insgesamt zum Anliegen werden.

Es versteht sich von selbst, dass die Selbstverständigung zumeist auf früheren Erfahrungen aufbaut, wobei Klugheit und Temperament des Einzelnen offenbar eine erhebliche Rolle spielen. Andererseits kommen in den einzelnen Lebensläufen auch immer wieder neue Herausforderungen hinzu, mit Bezug auf die der Betroffene noch nicht über eigene Erfahrungen verfügt: Abschluss der Ausbildung bzw. des Studiums, Eintritt ins Berufsleben, vielleicht auch Familiengründung usw. Fasst man hier erneut den Aspekt der Freiheit ins Auge, kommt die Frage ins Spiel, ob der Einzelne seine Freiheit in solchen neuen Zusammenhängen explizit oder vielleicht unter Gesichtspunkten wie Wohlbefinden, Beengtheit usw. eher implizit thematisiert. Von Interesse ist mit Bezug auf den Freiheitsaspekt auch die staatsbürgerliche Einbindung des Menschen. Die Frage nämlich, wie weit politische Entscheidungsträger – in Abhängigkeit von der Bevölkerungsdichte und vielen anderen Faktoren – die Freiheit des Einzelnen regulieren müssen oder vielleicht auch zu regulieren belieben, spielt für eine Selbstverständigung je nach

---

[139] A.a.O.

Staatsverfassung eine kleinere, eine größere oder gar lebensentscheidende Rolle.

Daraus lässt sich folgern, dass die erwähnten Schritte der Selbstverständigung nicht weniger auf die Wahrheit ausgerichtet sein müssen als auf die Freiheit. Eine Freiheit ohne Wahrheit verlöre einfach ihren *Sinn*. Zugleich hatte sich abgezeichnet, dass sich der „Horizont" der Freiheit des Menschen weit ausspannt und dass er sich im Rahmen der geistigen Entwicklung der Menschheit immer noch mehr ausweiten lassen dürfte. So gewinnt die Forderung nach entsprechender Selbstverständigung offenbar noch an Gewicht. Zudem muss davon ausgegangen werden, dass wichtige – vielleicht gar die wichtigsten – Formen der Selbstverständigung intersubjektive Aspekte implizieren und teilweise sogar regelrecht auf zwischenmenschliche Anliegen ausgerichtet sind. So ist erneut an den Schluss des 1. Kapitels zu erinnern. „Wahrheit und Freiheit … müssen sich im Prinzip mit der Wahrheit und der Freiheit aller Denkenden vereinbaren lassen." Konsequente Selbstverständigung muss in diesen Fällen verallgemeinerungsfähigen Kriterien genügen.

8. Kapitel

Wille und sittliche Norm

Die Gedankenbewegung, zu der das Thema „Freiheit und Selbstverständigung" veranlasst hatte, hat zugleich Ansätze erkennbar gemacht, die die Entstehung eines identischen Willens verständlich machen. Die im 1. Kapitel aufgezeigte ursprüngliche Verbindung von Theorie, Praxis und Ästhetik im frühen „ich"-Gedanken erfährt mit der Herausbildung dieses Willens eine Ausdifferenzierung der Praxis. Dabei geht es um das menschliche Handeln, insofern dies einer eigenständigen Grundlegung bedarf. Dieser praktische Aspekt erschließt sich nun wie die anderen schon sehr früh dadurch, dass ein Kind auf dem Weg zum Selbstbewusstsein nicht ohne die Anerkennung von Bezugspersonen auskommt. Sie bezieht sich eben nicht nur auf die bloß theoretisch erscheinende Selbstidentifikation als „ich", sondern weit mehr noch auf damit unauflöslich verbundene erste Formen von *Handeln* und *sittlicher Einsicht* sowie daneben auf Formen des Gestaltens bzw. auf Aspekte der eigenen Gestalt.

Die Argumentation des 1. Kapitels hatte darauf verzichtet, dem Gedanken der Anerkennung durch die Bezugsperson(en) zwecks zuverlässiger Begründung weitere Ausführungen folgen zu lassen. Es ging und geht dabei zunächst um ein empirisch nachweisbares Faktum, ohne welches ein kindliches Selbstbewusstsein nicht auf einen sicheren Weg gelangen kann. Dasjenige, worauf es hier ankommt, lässt sich vielleicht noch besser verständlich machen, wenn man zunächst eine Gegenposition zu Worte kommen lässt, für die ebenfalls das Theorem der Anerkennung eine zentrale Rolle spielt.

Der Frankfurter Sozialphilosoph Honneth[140] stellt nämlich darauf ab, dass Anerkennung ein über Jahre laufender sozialer Tatbestand bzw. Prozess oder auch eine Folge solcher Tatbestände sei, von dem bzw. denen die Entwicklung des jungen Menschen entscheidend abhänge. In dem Aufsatz „Das Ich im Wir", der auch dem

---

[140]   Vgl. oben 2. Kapitel.

Band den Titel liefert, präsentiert Honneth einige soziologische, psychologische und psychoanalytische Argumente z.T. international bekannter Wissenschaftler, die ihn nicht in die Verlegenheit bringen, die anerkannte Person in ihrer individuellen frühesten Vernunftentwicklung hinsichtlich ihres Bedarfs von so etwas wie Anerkennung berücksichtigen zu müssen.[141] In dem folgenden Aufsatz „Facetten des vorsozialen Selbst" hält er dem zuvor zustimmend zitierten Psychoanalytiker Joel Whitebook insofern einen Fehlgriff vor, weil dieser mit Kant und auch mit Bezug auf D. Henrich dem Menschen „überraschenderweise" ein neues „vorsoziales Potenzial" zuspreche, „das er als eine Art ursprüngliche Reflexivität des Individuums bezeichnet".[142] Überdies knüpfe Whitebook an den britischen Philosophen Mark Sacks an, der auch mit Blick auf Kant überlegt habe, „dass wir das individuelle Subjekt nur dann als kritik- und distanzierungsfähig gegenüber seiner sozialen Umwelt begreifen können, wenn wir seine Reflexionsfähigkeit nicht vollständig als Produkt einer Sozialisation durch Anerkennung auffassen."[143]

Aus dieser Argumentation kann man offenbar darauf schließen, dass Honneth die „Reflexionsfähigkeit" des „individuellen Subjekts" letztlich sogar „vollständig als Produkt einer Sozialisation durch Anerkennung" begreift. Die frühen entwicklungspsychologischen Grundlagenwerke J. Piagets[144] werden nicht erwähnt. Honneth bevorzugt dafür ausführlicher einzelne psychoanalytische Ansätze, die das Säuglingsalter betreffen und sich nicht gerade durch Realitätsnähe auszeichnen. Das viel spätere Werk Piagets „Das moralische Urteil beim Kinde"[145] wird zwar zitiert, es setzt allerdings gar nicht in der Frühphase der kindlichen Entwicklung an. Im Ergebnis erlaubt es diese Vorgehensweise Honneth, seine Übereinstimmung mit seinem Lehrer J. Habermas sowie mit George Herbert Mead zu bekunden, nach denen „das Subjekt erst durch *formalen* Erwerb einer sozialen Perspektive oder einer intersubjektiv

---

[141] Honneth, Das Ich im Wir, S. 261–279.
[142] A.a.O. S. 282.
[143] A.a.O. S. 283.
[144] Besonders: Das Erwachen der Intelligenz beim Kinde (vgl. schon oben 1. Kapitel).
[145] Piaget, Das moralische Urteil beim Kinde, Frankfurt 1973.

geteilten Sprache in die Lage versetzt werden soll, die eigenen Überzeugungen von denjenigen aller anderen Interaktionspartner abzugrenzen und als individuellen Kern der Persönlichkeit zu behaupten."[146]

Mit diesem Intersubjektivismus scheint es jedoch nicht vereinbar zu sein zu erhellen, was Reflexivität im strengen Sinne ausmacht, wie es in concreto zu Reflexivität kommt und warum sich schon im dritten Lebensjahr eines Kindes der Anspruch, um Wahres zu wissen, als legitim erweist. Immerhin gibt die Prüfung der Argumentation Honneths aber Anlass klarzustellen, dass der Begriff der Anerkennung in unserer Darlegung *im Kern* anders verwendet wird. Anerkennung wurde im 1. Kapitel mit Bezug auf den allerersten, noch unsicheren Gebrauch des Wortes „ich" durch das etwa zweijährige Kind eingeführt. Hier beginnt ein Bewusstsein, sich selbst *als Bewusstsein* zu erfassen. So weit zu kommen, kann ihm niemand abnehmen, wobei aber auch schon die Kontakte mit den Beziehungspersonen viele Anregungen gegeben haben dürften. Die Anerkennung als „ich" ist dann eine Bestätigung durch Menschen, die ihm bis dahin zuverlässig zugewandt waren. So festigt sich dieses Selbstbewusstsein alsbald und wird – mutmaßlich schon binnen kurzem – irreversibel.

Da Honneth auf die Einbeziehung der Selbstbewusstseins-Thematik in seinem Ansatz verzichtet, übergeht er diesen Ursprungstyp der Anerkennung mit der Folge, dass Reflexivität letztlich aus einem über Jahre verlaufenden Prozess hervorgehen soll. Ein solcher Ansatz aber verbietet es naturgemäß völlig, auch nur die Frage aufzuwerfen, ob sich die Reflexivität des Menschen nicht schon in Vorformen im Rahmen der Evolution der Arten nachweisen lassen muss. Für die Annahme einer „peripheren Reflexivität" (vgl. 1. Kapitel) spätestens innerhalb der Tierwelt, sprechen nämlich wichtige, leicht beobachtbare Fakten. Und die Zwischenstufe des Körperselbst schon bei Menschenaffen, Krähenvögeln usw. weist noch nachdrücklicher in die Richtung einer fortschreitenden evolutionären Selbstzentrierung des Bewusstseins.

So bleibt denn hervorzuheben, dass das, was von Honneth wie ein Vorgang beschrieben wurde, für das Kind wesentlich ein Tun

---

146   Honneth, A.a.O. S. 289.

ist, dessen Ergebnis allerdings, insofern es die pure Identifizierung als „ich" betrifft, zugleich der Theorie zugerechnet werden kann. Seitens der Bezugsperson kommt mit der – vielleicht zunächst nur formal erscheinenden – Anerkennung aber noch anderes hinzu. Sie ist für das Kind zum Mindesten die Bestätigung, auch *praktisch* auf einem „ansprechenden" Weg zu sein. Sollte eine Bezugsperson nicht geradezu auf diesen Entwicklungsschritt gewartet haben, würde sich jedenfalls allmählich – andernfalls aber sofort – auch ihrerseits etwas verändern: Sie begrüßt freundlich ein Stück geistige Selbstständigkeit. Das „Du" ist von jetzt an gleichsam legitimiert: Wer von sich als „ich" spricht, versteht sehr schnell auch, warum ihn der Andere als „du" anspricht.

Derjenige, der verschiedene Kinder dieser Entwicklungsstufe erlebt hat und die Möglichkeit hatte, mit ihnen sozusagen in kommunikative Vorübungen einzutreten, der kann vielleicht auch bestätigen, dass hier die Vermittlung weiterer sprachlicher Möglichkeiten kein „Abrichten" ist, wie Ludwig Wittgenstein dies (mutmaßlich mit dem Blick des Lehrers auf den frühen Spracherwerb in Schulen) genannt hat.[147] Zumindest für viele Kinder dieser Altersstufe ist jedenfalls eine Frühform von *Sprachspiel* im Sinne Wittgensteins wesentlich geeigneter zum Spracherwerb, zumal die Bezugsperson dabei weiß, dass übertriebene Genauigkeit ein Kind tendenziell verunsichern kann.

Einüben in die Reflexivität

Auch wenn man davon ausgehen muss, dass dem Kind mit frisch gewonnenem „ich"-Bewusstsein bereits ein begrenzter Wortschatz zur Verfügung steht, der vorwiegend im zweiten Lebensjahr erworben wurde, dürfte dieser kaum für ein erstes Nachdenken über die Sprache ausreichen. Es gilt eben: ohne weitere Begriffe kaum weitere Gedanken. Sobald das Kind aber lernt und in Anfängen schon gelernt hat, eigene Aktivitäten sprachlich zu unterscheiden, wobei ihm auch das *Unterscheiden* als psychischer Akt schon mehr oder weniger einzuleuchten beginnt, werden ihm allmählich die Begriffe als solche und damit die Sprache zum Thema. Vieles von

---

[147] Ludwig Wittgenstein, Philosophische Untersuchungen, Schriften 1, Frankfurt 1969, Pkt. bzw. § 5.

dem, was für die Bezugsperson zuvor nur am Verhalten des Kindes – quasi behavioristisch – festzustellen war, wird jetzt verbalisiert und dadurch zuverlässiger erfassbar. Das Einüben von Reflexivität wird allein schon auf diesem Weg zur Selbstverständlichkeit.

Bei alledem ist das „ich" eine Art Rückversicherung, insofern seine letztinstanzliche Funktion bei Anerkennung durch die Bezugsperson(en) zu erstem Selbstvertrauen führt. Die meisten Grundlagen für Reflexivität sind damit schon auf dieser Entwicklungsstufe gelegt. Ihre zusätzliche Absicherung im Langzeitgedächtnis stellt sich bei gesunder Entwicklung und bei Aufrechterhaltung der Kommunikation ganz von selbst ein. So erschließen sich denn auch immer weitere Felder der Kommunikation.

So weit das Kind eigene Aktivitäten ankündigt oder während bzw. nach ihrer Durchführung beschreibt, gehören Nachfragen, Hinweise und Reaktionen der Bezugspersonen oft einfach dazu. Dies oder jenes zu *wollen*[148], bekundet allmählich eine praktische Ausrichtung des Denkens auf bestimmte Ziele hin. Wo solches Denken sich in eine Einheit des Bewusstseins einfügt, formt sich ein regelrechter *Wille*, der als *identischer* Wille im Sinne des vorigen Kapitels gelten muss, welcher zugleich eine Festigung der Reflexivität darstellt. Mag diese auch noch vieljähriger Reifung bedürfen, sie lässt sich *als* Reflexivität schon auf dieser Stufe nicht in Abrede stellen und muss als solche ernst genommen werden, was mithin zu der frühesten Form von Anerkennung gehört.

Nun läuft dieses Anerkennen – anfangs vielleicht noch kaum bemerkt bzw. beachtet – auf eine Gegenseitigkeit hinaus, die in allen Fällen einer zumindest halbwegs glückenden Sozialisation des Kindes zu weit reichenden Verhaltensorientierungen führt. Das kann aber nicht verdecken, dass es die Freiheit seines Denkens nicht nur erlaubt, sondern vielmehr erfordert, einen eigenen Willen zu entwickeln, der als solcher nicht notwendig allen Maßstäben der besagten Sozialisation genügt. Er kann, aber er muss ihr deshalb nicht widersprechen. Freier Wille kann darauf ausgerichtet sein, auch manchen mit der Zeit vorgegebenen Lebensbedingungen oder sogar aller Bedingtheit irgendwie zu entkommen. Solches – oft nur phasenweises – Grenzgängertum gehört zum menschlichen Dasein.

---

[148] Vgl. 3. Kapitel.

Die Virtualität der Selbstzentrierung des Bewusstseins eröffnet auch diese Perspektive, und eine fortschreitend differenzierende Einbildungskraft spielt dabei eine erhebliche Rolle.

Zu den Möglichkeiten eines freien Willens zählt es damit aber eben auch, sich bewusst auf die Gemeinsamkeit mit anderen Menschen einzustellen. Das gehört gerade zu den entscheidenden Startbedingungen der Kindesentwicklung. Die liebevolle Zuwendung der ersten Bezugspersonen, zumeist die Mutter, impliziert Kommunikationsformen, welche wichtigste Gemeinsamkeiten anstrebt und pflegt: In eine sichere Spur, die seitens der Bezugsperson keine falsche Symbiose mit einem Kind anstrebt und Konflikte aushält, um ein liebevolles Miteinander zu ermöglichen, kann nur ein Denken und Verhalten führen, das schließlich im „ich" des Kindes etwas erkennt, das als eine Einheit anzuerkennen ist und dem der Anspruch auf Freiheit gebührt. In solchem Anerkennen, so zeigt sich daran, kommt ein *sittliches Bewusstsein* zum Tragen. Anders ausgedrückt: dem Selbstbewusstsein ist von Kindesbeinen an immer schon ein sittliches Moment mit auf den Weg gegeben. Das sittliche Bewusstsein muss aber gleichsam „geweckt" werden, wozu es einerseits eines geeigneten Verhaltens der Bezugsperson(en) bedarf und andererseits einer begrifflichen Vermittlung, die dem Kind verständlich macht, was Menschen zueinander führt und das Miteinander sichert.

Ein etwas anderer Ansatz mit demselben Anliegen zeigt sich in Folgendem: D. Henrich, der in dem schon im 2. Kapitel auszugsweise besprochenen systematischen Werk „Denken und Selbstsein" der Entfaltung des sittlichen Bewusstseins eine von fünf Vorlesungen widmet, lenkt hier den Blick des Lesers auf die Begründungsrolle der Subjektivität. Die heutzutage verbreitete Beschränkung der Ethik auf „intersubjektive Fragen" könne nicht ausreichen, schreibt er. „Wenn aber nun auch jede Ethik die moralische Beurteilung von Handlungen und von Weisen des Mitseins zu verstehen und zu begründen hat, so heißt das doch nicht, dass der Subjektivität der Akteure keine Begründungsrolle zufällt, so dass sie nur ein Thema zweiten Ranges ausmacht. Man kann das bereits daran erkennen, dass es eigentlich gar nicht das Verhalten ist, was der sittlichen Beurteilung unterliegt. Im moralischen Sinne schützenswert oder zurückzuweisen ist ... die innere *Einstellung* der Personen zu ihrem Verhalten, aus der das Verhalten resultiert. Die Einstellung ist anderes als die bloße Beurteilung von solchem Verhalten, das wie ein Naturereignis in Menschen als Lebewesen aufkommt."[149]

Der Vergleich der Herangehensweisen dürfte deutlich werden lassen, dass die in unseren Ansatz einbezogene Beobachtung der Entwicklung des Kindes, die das Problem sozusagen in nuce aufgreift, von einer empirischen Basis ausgeht, dass sie aber geradlinig auf die Begründungsrolle des Subjekts hinleitet: Das Kind erlebt schon in den frühesten Kontakten das Beglückende des Miteinanders mit ganz bestimmten Menschen, das zumeist auch eine recht umfassende Bedürfnisbefriedigung bedeutet. Dieses liebevolle Miteinander lässt nicht etwa nur Raum für die Weiterentwicklung, es regt diese regelrecht an. Jedem Misslingen erster Handlungen folgt eine Ermunterung, jedem Erfolg zusätzliche Bestätigung und dann regelrechte Anerkennung. Das Kind ist im Übrigen insbesondere der Mutter nicht nur verbunden um ihrer Funktionserfüllung willen, sondern um ihrer selbst willen.[150]

Wo sich solches Miteinander einstellt, herrscht Vertrauen. Soll aber die Weiterentwicklung des Kindes gesichert sein, muss die Bezugsperson die Basis des Vertrauens sichern gerade auch dann, wenn etwas misslingt, was das Kind eigentlich gut gemeint hat. Das ergibt sich auch aus dem erwähnten Gedanken Henrichs. Die „innere Einstellung" des Kindes ist hier „schützenswert". Nur zeigt sich gerade in diesem Falle auch, dass eben doch wieder ein intersubjektiver Kontext mitspielt: Es mag manchem Erwachsenen schwer fallen, dem Kind im Scheitern nicht nur zu attestieren, dass sein Tun „zwar gut gemeint" gewesen sei. Nein das Kind muss wirklich fühlen, dass es in seinem Versuch für die Bezugsperson über allem Scheitern steht. Andererseits darf ihm nicht verborgen bleiben, dass auch der Erfolg ein Kriterium des Handelns ist. Henrichs Hinweis auf die innere Einstellung erhält aber dadurch Gewicht, dass auch kindliches Selbstbewusstsein schon dazu führen kann, dass ein Kind an ersten eigenen Überzeugungen festzuhalten lernt.

---

[149] Henrich, Denken und Selbstsein, S. 96f.
[150] Vgl. vom Autor: Die vergessene Pflicht, Siegen 1998, S. 225.

Formen der Anerkennung

Die Entwicklung führt stetig weiter. Sieht man von denkbaren Extremfällen ab, hat das Kind regelmäßige Kontakte auch zu anderen Personen, von denen einzelne – zumindest zeitweise vertretend – als weitere Bezugsperson fungieren. Unweigerlich bildet sich über all diese Kontakte ein früher Erfahrungshorizont mit Bezug auf andere Menschen aus. Auch wenn es dabei – wenigstens über längere Phasen – von andeutungsweisen oder gar offenen Einschätzungen der zentralen Bezugsperson einschließlich deren Maßstäben beeinflusst werden mag, spielen doch eigene Beobachtungen mit der Zeit eine wachsende Rolle. In der Summe bedeutet dies wiederum, dass die für ein Menschenkind so wichtige Anerkennung durch andere nicht zuletzt zu einem Orientierungsrahmen wird, der zugleich Spielräume für eigenes Handeln markiert.

Begleitend muss zu den bislang festgehaltenen Aspekten darauf hingewiesen werden, dass hier weit überwiegend empirische Gesichtspunkte eine Rolle spielen. Aber Erfahrungswissenschaft kommt eben auch zu der Erkenntnis, dass sich noch vor der Herausbildung des Selbstbewusstseins spätestens auf dem Niveau der beginnenden Differenzierung des eigenen Körperbewusstseins Bedeutendes tut. So unterstellt das Kind – aus seinen Bekundungen gut zu erschließen – mit Bezug auf die belebte Natur keineswegs so etwas wie bloße Kausalität, die es hinsichtlich alles Nichtbelebten wie z.B. seinem Spielzeug, darunter z.B. auch Kugeln u.s.w. – *kennt*. Bei Tieren und vor allem bei Menschen muss es dagegen – völlig unbegrifflich – eine Art Willkür annehmen. Schon in dieser Phase sind vor allem die Liebe zur eigenen Mutter oder zum Vater und die Zuneigung zu einigen anderen Personen eindeutig nachzuweisen wie auch eine Sensibilität bezüglich dessen, was es diesen zumuten kann und was tendenziell auf Ablehnung stößt. Mit eigenem Selbstbewusstsein erkennt es später schrittweise aber auch, dass die ihm geltende Anerkennung durch andere Menschen sehr Unterschiedliches bedeuten kann. Vor allem die wichtigste Form der Anerkennung, diejenige durch vertraute Menschen, impliziert aber auch Erwartungen betreffend das weitere Verhalten des Kindes.

In der normalerweise dynamischen Entwicklung eines Kindes gerade in den frühen Jahren bedarf nun eine einfühlsame Anerkennung offenbar steter Modulation, die diese Entwicklung reaktiv zu begleiten und teilweise auch vorausschauend zu lenken versteht. Dass gleichwohl auch überraschende neue Aspekte der Entwicklung hinzukommen, in denen nicht zuletzt Eigenständiges einer Person aufscheint, lässt vielleicht am durchschlagendsten deutlich werden, dass diese Entwicklung über eine eigenständige „Mitte" verfügt und verfügen muss. „Der Subjektivität der Akteure" fällt offensichtlich „eine Begründungsrolle" zu, wie Henrich dies gegen die in einigen sozialphilosophischen Lehren überbetonte Intersubjektivität geltend macht (s.o.). *Indem aber – anders als bei Henrich (vgl. oben 2. Kapitel) – das werdende Subjekt mit dem „ich" seinen Grund schon früh selbst setzt, scheitert der Intersubjektivismus als Grundlegungslehre definitiv.*

Mit Bezug auf die Grundlegung des Sittlichen bleibt indes festzuhalten: In der „prinzipiellen Möglichkeit, an der Basis allen Selbstseins die Anerkennung durch andere Menschen zu wissen, liegt ... auch die prinzipielle Möglichkeit der sittlichen Einsicht".[151] Alle Anerkennung hat nämlich nur dann Bestand, wenn sich positive Reaktionen einstellen, beispielsweise so etwas wie Dankbarkeit. Später gehört der Aspekt der Vorformen einer Gegenseitigkeit regelrecht zur Entstehung einer Vernunft. Hinzu kommt, dass sich Reden und Handeln zusammenfügen, wo dies der Sinn des Gesprochenen erfordert.

„Die Einheit von rationalem und emotionalem Akt ist das Rätsel im Wesen der Sittlichkeit und der sittlichen Einsicht", hat Henrich in einem früheren Aufsatz mit dem Thema „Der Begriff der sittlichen Einsicht und Kants Lehre vom Faktum der Vernunft" geschrieben[152]. „In Denken und Selbstsein" erinnert er nochmals daran, dass dies das Problem sei, das Kant einmal als „Stein der Weisen" bezeichnet habe.[153] Die emotionale Seite darf jedenfalls

---

[151] Die vergessene Pflicht, S. 222.
[152] Henrich, Kant – Zu seiner Lehre von Erkennen und Handeln, Köln 1973, S. 239.
[153] Ders. Denken und Selbstsein, S. 114. Vgl. dazu Immanuel Kant, Vorlesung zur Moralphilosophie, herausgeg. von Werner Stark, Berlin 2004; Basis ist die Nachschrift einer Vorlesung Kants vom WS 1773/4, evtl. auch 1774/5, S. 69: „Urteilen kann der Verstand freilich, aber diesem Verstandesurteil eine Kraft zu geben, und dass es eine Triebfeder werde den Willen zu bewegen, die Handlung auszuüben, das ist der Stein der Weisen." Der Herausgeber merkt

nicht rigoros gegen die Rationalität abgegrenzt werden. Die virtuelle Selbstzentrierung des Bewusstseins, die für Theorie, Praxis und Ästhetik die maßgebliche Rolle spielt, fasst eben alles zusammen.[154]

Hier ist nunmehr ein Gedanke wieder aufzunehmen, der sich im Rahmen der Überlegungen zu den ersten Grundbegriffen des Kindes (3. Kapitel) nur andeuten ließ. Da nämlich hatte sich nach einem Blick auf die ersten Sätze in Kants „Grundlegung zur Metaphysik der Sitten" gezeigt, „dass ein Kind schon sehr früh – also noch vor dem Auftreten des Selbstbewusstseins – ein Sensorium dafür entwickelt, welche Person es gut mit ihm meint". Mit „seiner aufkommenden Vernunft werde ihm ... schrittweise auch verständlich, warum ihm diese Bezugsperson nicht alle Wünsche erfüllt bzw. erfüllen kann". Mitunter zeigen solche Kinder auch eigene Versuche zur Realisierung einer Gegenseitigkeit, nachdem ein gefühlsmäßiges erfolgsabhängiges Buhlen um Akzeptanz fast schon eine Selbstverständlichkeit ist. Zusammengenommen bedeutet dies offenbar, dass sich in der Sphäre der virtuellen Selbstzentrierung des Bewusstseins Ansätze für eine künftige prinzipielle Haltung herausbilden, die sich als *guter Wille* charakterisieren und mit zunehmender Lebenserfahrung vertiefen und verfeinern lässt.

Im Anerkennen des Kindes durch die Bezugsperson(en) kommt also – wie dargelegt – ein *sittliches* Moment ins Spiel. Gerade liebevolles Anerkennen ist in seinen Anfängen nicht, zumindest aber nicht bewusst, an Bedingungen geknüpft. Indem freilich eine solche soziale Rolle *gelebt* wird, verbinden sich damit auch Erwartungen. Und ein Kind mag solche Erwartungen allmählich spüren oder gar erkennen. Auf manches dürfte es auch unwillkürlich reagieren, ohne sich wirklich bewusst machen zu können oder auch zu müssen, weshalb es dies tut. Im Zuge dieser Entwicklungen wird das sittliche Bewusstsein aber gleichsam geweckt, wozu es eines geeigneten Verhaltens der Bezugsperson(en) bedarf und andererseits (zumeist erst später) einer ersten begrifflichen Vermittlung,

---

dazu an, dass Henrichs Interpretation der Wendung „Stein der Weisen" nach dem damaligen Sprachgebrauch vielleicht deutlich weniger Gewicht beigemessen werden dürfe. Das kann hier allerdings dahingestellt bleiben: Das Problem, um das es Kant – und unserer Argumentation – geht, bleibt davon wohl unberührt.

[154] Vgl. dazu vom Autor, Freiheit des Denkens, S. 116.

die dem Kind verständlich macht, was Menschen zueinander führt und ein Miteinander sichert. Dazu sei ein eindrucksvolles Beispiel erwähnt: René Descartes, der Philosoph des „cogito ergo sum", hat sich über seinen Tod hinaus zu der Bedeutung solchen Miteinanders mit der Tat bekannt: Er sorgte für seine Amme, die ihn überlebte, noch in seinem Testament. Seine leibliche Mutter war verstorben, als er erst gut ein Jahr alt war.

Natürlich kann und darf nicht behauptet werden, ein Kind, das in der Frühphase innige Zuwendung nicht kennengelernt hat, könne selbst kein sittliches Bewusstsein (mehr) entwickeln. Andererseits müsste sich mit Hilfe sozialempirischer Untersuchungen vielleicht klären lassen, ob eine spätere, evtl. vorwiegend verstandesmäßige Akzeptanz und Einübung einer sittlichen Haltung mit Bezug auf das Zusammenleben von Menschen nicht einen eigenständigen Rang im Vergleich mit einer ausgeprägteren Emotionalität der frühkindlichen Sittlichkeits-Orientierung aufweist. Man denke nur an das britische Gentleman-Ideal, das im 19. Jahrhundert für einige gesellschaftliche Kreise verbindlich war, zu dem es aber durchaus auch Entsprechungen in ähnlichen Gesellschaftsschichten anderer Staaten gab und – vielleicht unter Abwandlungen – noch gibt. Eine damit zusammenhängende Frage hätte dann aber auch einen Reiz: ob sich unter solchen Vorbedingungen die Emotionalität eines Menschen vielleicht deutlich weniger ausbildet.

Subjekttheoretisch durchdacht müssen sich die unterschiedlichen Zuwendungsformen aber wohl auf einen Nenner bringen lassen: *Ohne die Erfahrung der Möglichkeit eines grundlegenden Vertrauens zumindest zu einzelnen Menschen, die für die Entwicklung eines Kindes von Bedeutung sind, scheint die Ausbildung eines sittlichen Bewusstseins ausgeschlossen.* Ausgehend von dieser Mindestbedingung bleibt genügend Spielraum für einen guten Willen, der somit das Rückgrat für ein tragfähiges Miteinander von Menschen bildet. Das sittliche Bewusstsein ist auf diese Weise rational und in der einen oder anderen Form auch emotional verankert. Die Diskussion engerer Formen menschlichen Zusammenlebens mit weiter gehender Zuwendung und vielleicht auch geeigneten Anforderungen, die der Entwicklung der Kinder größere und große Chancen eröffnen können, gehört in einen anderen Zusammenhang.

Die Frage, die sich aber unweigerlich anschließt, ist die nach einer sittlichen Grundnorm, deren Geltung für jedermann zu begründen ist. Ihr Geltungsbereich kann dabei nur den Umkreis allen menschlichen Wirkens umfassen. So sollte die Forderung lauten: *Achte in deinem Handeln alle Mitmenschen so, wie du selbst geachtet zu werden erwartest und berücksichtige zugleich die Verantwortung des Menschen für das Leben insgesamt.* Zur Erläuterung ist dem anzufügen, dass hier der Mensch weiterhin im Vordergrund steht, dass er sich aber selbst infrage stellt, wenn er dem sonstigen Leben auf der Erde keinen Raum lässt.

9. Kapitel

Gestalt und Geist

Vernünftiger Wille muss seine Handlungsoptionen überschauen, um sich für eine bestimmte Option zu entscheiden. Ohne gedankliche Überschreitung von Grenzen, d.h. ohne eine „vernunftweite" Freiheit, also ohne die Freiheit des Denkens insgesamt, ließe sich die Bestimmtheit des Willens nicht voll verantworten, es könnte in mancherlei Hinsicht eher schon Bestimmtheit im Sinne der Wendung „auf gut Glück" sein. Auch dieser Freiheit sind aber Grenzen gesetzt: Jeder realistisch Denkende ist sich im Klaren darüber, dass er sich mit vielem – nicht allem – faktisch Gegebenen arrangieren muss, wenn er überhaupt etwas erreichen will. Indem aber das Denken noch viel weiter reicht, kann es nicht verwundern, dass Menschen sich schon früh in Aktivitäten versucht haben, die der Freiheit mehr Raum ließen. Das gilt zugleich für den erweiterungsfähigen Bereich der Selbstverständigung, wozu auch die Phantasie beizutragen vermag. Indem nun die Selbstverständigung dank der Phantasie sozusagen selbstgenügsam werden konnte, ließen sich Grenzen des faktisch Gegebenen leicht überwinden. So öffnete sich nicht zuletzt das allseits offene „Fenster" zur Kunst.

In der Entwicklung der Menschheit lässt sich dies nachvollziehen, wobei sich verfügbare Quellen allerdings auf die bildende Kunst beschränken. Sofern sich frühe Menschen phasenweise nicht mehr ausschließlich um die elementaren Lebensbedürfnisse kümmern mussten, konnten von einzelnen Gruppenmitgliedern Fähigkeiten zur Darstellung real vorkommender Gestalten entwickelt bzw. vorhandene Fähigkeiten dieser Art verbessert werden. Geeignete Gestalten waren solche, die in der Natur vorkamen und für die Menschen besondere Bedeutung hatten – also etwa Beutetiere oder solche Tiere, mit denen es mitunter zu kämpfen galt. Naturgemäß kam es auch zur bildlichen Darstellung von Menschen bzw. zur Herstellung menschlicher Figuren. Das Vorgefundene war – in der Langfrist-Sicht – zugleich der Anstoß für eine stetige Erweiterung der Sichtweisen. Das von Menschen Gestaltete musste zunächst natürlichen Gestalten möglichst entsprechen. Daneben dürfte wohl anzunehmen sein, dass sich den Menschen irgendwann auch die Möglichkeiten klanglichen Gestaltens erschlossen haben, wofür sich sehr frühe Belege allerdings kaum finden lassen.

Da davon auszugehen ist, dass die frühesten Kunstwerke auch mit Blick auf eine zwischenmenschliche Kommunikation geschaffen worden sind, lassen sich zwei ausschlaggebende Kriterien solcher Kunst erkennen: Einerseits müssen diese Werke eine als solche erkennbare Gestalt zeigen und andererseits müssen sie auf die Zustimmung von Betrachtern stoßen. Sowohl auf der Seite der Kunstschaffenden als auch auf der der Rezipienten ist offenbar menschliche Vernunft unmittelbar am Werk. Bei den von Menschenhand geschaffenen Gestalten handelt es sich um *Sinnträger*. Solche haben in Entwürfen der Vernunft ihren Ursprung, und sie werden auch nach ihrer Maßgabe realisiert. Eine kurze Erinnerung an die Philosophie Hegels legt nahe, mit Bezug auf solche Sinnträger und entsprechende Sinnzusammenhänge von „objektivem Geist" zu sprechen. Hegel hat die „Entwicklung des Geistes" in seiner „Enzyklopädie der philosophischen Wissenschaften" als den Gang vom „subjektiven" zum „objektiven" und schließlich zum „absoluten" Geist skizziert. Dabei nimmt der objektive Geist die „Form der *Realität* als einer von ihm hervorzubringenden und hervorgebrachten *Welt*" an, „in welcher die Freiheit als vorhandene Notwendigkeit ist, - *objektiver Geist*."[155] Da sich hier für Absolutheitsideen keinerlei Rechtfertigung zeigt, bleibt von Hegels ausholender Bestimmung des objektiven Geistes[156] vorrangig die *Definition des Geistes als wirklich gewordene Vernünftigkeit* übrig.

Kunst ist „eine Tochter der Freiheit"

Blickt man zurück auf das, was sich schon am Schluss des 1. Kapitels durch Selbstbewusstsein und aufkommendes Denken an Weiten des geistigen Horizonts abgezeichnet hat, dann stellt die Kunst samt aller von ihr abgeleiteten Modifikationen des Lebensumfelds der Menschen ein Betätigungsfeld dar, das selbst dann noch auf manche eine Anziehungskraft ausübt, wenn dies für sie selbst auf „brotlose Kunst" hinauszulaufen droht. Will man nun dasjenige, um

---

[155] Hegel, Enzyklopädie der philosophischen Wissenschaften, § 385.
[156] A.a.O. § 483.

das es hier im Kern geht, auf philosophisch tragfähige Argumente zurückführen, muss man sich ganz auf die Kunst im engeren Sinne ausrichten. Von ihr lässt sich mit Friedrich Schiller sagen: „… die Kunst ist eine Tochter der Freiheit, und von der Notwendigkeit der Geister, nicht von der Notdurft der Materie will sie ihre Vorschrift empfangen."[157] Dieser „Notwendigkeit der Geister" auf die Spur zu kommen, ist allerdings ein schwieriges Unterfangen.

Immerhin zielt der Gedanke Schillers auf einen subjekttheoretischen Zusammenhang. Der Dichterphilosoph hat dabei offenbar auch die 1790 erschienene „Kritik der Urteilskraft" Kants vor Augen, die mit der Berücksichtigung der Geschmacksurteile Maßstäbe in der Ästhetik gesetzt hat. In die vorliegende Untersuchung wird allerdings auch die späte Theorie des Neukantianers Richard Hönigswald einbezogen, der den Ansatz Kants zu vertiefen versucht hat. In zwei Kapiteln seines Nachlasswerkes „Die Systematik der Philosophie" kommt eine Ästhetik zur Sprache, die auch einen Systemkontext reflektiert. Anderthalb Jahrhunderte nach dem Erscheinen der dritten „Kritik" Kants standen diverse Geisteswissenschaften in voller Blüte, Wissenschaften, die auch das Verstehen von Kunstwerken sachkundig vertiefen konnten. Musste man da nicht eher verkünden, die Zeit schlichter Geschmacksurteile sei vergangen? Aber Hönigswald, der aus der Sicht einzelner Interpreten weit eher ein Kantianer als ein Neukantianer war, erkennt gerade in diesen Urteilen die Basis für seine „Idee einer spezifischen, dem Kunstwerk angemessenen Verständigungsgemeinschaft". Das Kunstwerk hat demgemäß *einerseits* eine „<unmittelbare> Verständigungsfunktion" und verweist *andererseits* auf Hintergründe, die die „ausdrückliche oder implizite Reflexion auf die kulturellen Umstände seiner Entstehung und auf die Gliederung seines Aufbaus" erlauben – die „mittelbare" Verständigungsfunktion.[158]

Geschmacksurteile über Kunstwerke können nach diesem Verständnis offenbar nicht einfach aus Launen, evtl. beeinflusst durch andere Betrachter oder durch suggestive Bemerkungen des Urhebers, zustande kommen. Wer sie kompetent äußert, verfügt laut

---

[157] Friedrich Schiller, Über die ästhetische Erziehung des Menschen in einer Reihe von Briefen, erstmalig veröffentlicht 1793/94, 2. Brief.

[158] Richard Hönigswald, Die Systematik der Philosophie, Bonn 1977. Zweiter Teil S. 593f.

Hönigswald über „Kennerschaft". Und sie müssen, um es mit einem vertrauten Terminus zum Ausdruck zu bringen, eine Form von *Anerkennung* annehmen: Diese Urteile sprechen dem Anerkannten gleichsam einen Wahrheitsanspruch zu, der freilich nicht beweisbar ist. Ohne alle Details dieser Argumentation durchgehen zu müssen, bleibt vorab hervorzuheben, dass dem Geschmacksurteil „die Einzeitigkeit der *Erfassung* des Kunstwerks", d.h. des „Intuitiven" am Kunstwerk, zugrunde liegt. „An ihm, diesem <Intuitiven>, bekundet sich ... der spezifische Anspruch des Kunstwerks auf objektive Geltung ..." Allerdings besitzen Geschmacksurteile laut Hönigswald „lediglich hinweisende Funktion". Der „geschmacklich Urteilende" habe dabei dank „Kennerschaft ... ausschlaggebende Bedeutung". Diese Kennerschaft bleibe jedoch „monadisch, an Personen gebunden und nach Personen abgestuft". In den „Hintergründen" spiele die „ausdrückliche oder implizite Reflexion auf die kulturellen Umstände" der Entstehung des Kunstwerks „und auf die Gliederung seines Aufbaus" mit.[159]

Mit seinem „kritischen Begriff" der *Monade* (er bevorzugt das griechische „monas") setzt sich der Denker signifikant von denjenigen Neukantianern ab, die – wie neben ihnen auch der frühe Husserl – von einem *überindividuellen* Bewusstsein oder „Bewusstsein überhaupt" ausgehen und Kants „Kritik der reinen Vernunft" insoweit fehlinterpretieren. Die Monade ist laut Hönigswald im Vollsinne Person, d.h. zu ihrer Identität gehört auch ihr Körper.[160] Ausgehend von einem solchermaßen konkreten Subjektbegriff wird zwangsläufig auch die Rolle psychologischer Faktoren bedeutsam. Der Kantianer nutzt dabei „die in der Bedeutungsstruktur beschlossene Dimension des Erlebens" als Maßstab: „Die Abwandlungen dieser Bedeutungsstruktur, also deren verschiedenartige Erfüllung, bedingen die Mannigfaltigkeit psychologischer Probleme."[161] Nun grenzt sich die „Elementarstruktur des Erlebens" aber dadurch ab, dass sie „der Inbegriff von Beziehungen" ist, die „mit dem Faktor <ich>, mit der Wendung <ich habe etwas> gesetzt" erscheinen.[162] Eine „über den Urteilenden hinausgreifende, metho-

---

[159]   A.a.O. S. 594f.
[160]   Ders.: Wissenschaft und Kunst, Stuttgart 1961, S. 80f.
[161]   Ders.: Systematik der Philosophie, Erster Teil, S. 291.
[162]   A.a.O. S. 236.

dologisch differenzierte Systematik ästhetischer Geschmacksurteile"[163] schließe sich dadurch aus.

Diese Gedanken Hönigswalds kommen dem Standpunkt Kants durchaus nahe.[164] „Es kann keine objektive Geschmacksregel, welche durch Begriffe bestimmte, was schön sei, geben", schreibt der Königsberger in § 17 seiner Kritik der Urteilskraft. „Denn alles Urteil aus dieser Quelle ist ästhetisch; d.i. das Gefühl des Subjekts, und kein Begriff eines Objekts, ist sein Bestimmungsgrund." „Gefühl" und „Begriff" erwecken hier den Eindruck, eine vollständige Disjunktion darzustellen. Das lässt sich freilich ohne einen eigenständigen argumentativen Unterbau nicht verständlich machen. Kant erklärt es so: „Die allgemeine Mitteilbarkeit der Empfindung (des Wohlgefallens oder Missfallens), und zwar eine solche, die ohne Begriff stattfindet; die Einhelligkeit, so viel möglich, aller Zeiten und Völker in Ansehung dieses Gefühls in der Vorstellung gewisser Gegenstände: ist das empirische, wiewohl schwache und kaum zur Vermutung zureichende, Kriterium der Abstammung eines so durch Beispiele bewährten Geschmacks, von dem tief verborgenen, allen Menschen gemeinschaftlichen Grunde der Einhelligkeit in Beurteilung der Formen, unter denen ihnen Gegenstände gegeben werden", heißt es.[165]

Fast schon lässt sich sagen, dass die gegenteilige Vermutung plausibler erschiene. Hätte Kant stattdessen den besagten Grund in der Entwicklung des einzelnen Bewusstseins, also im Sinne einer Ontogenese, gesucht, wäre es wohl kaum bei der bloßen Unterscheidung von Gefühl und Begriff geblieben. Vielmehr hätte die Fähigkeit zur (nicht nur visuellen) *Wahrnehmung von Gestalten* und zur Speicherung solcher Schemata, ohne die kein Kind ein Selbstbewusstsein entwickeln könnte, eine *Individuation* des Gefühls zur Folge haben müssen. Das aber rechtfertigte nicht die Annahme der „Einhelligkeit in Beurteilung der Formen" und deshalb auch nicht die krasse Abgrenzung von Gefühl und Begriff.

---

[163] A.a.O. Zweiter Teil, S. 593ff.
[164] Die „in der Bedeutungsstruktur beschlossene Dimension des Erlebens" erinnert übrigens an die am Ende des 5. Kapitels zitierte Fußnote Kants zum „Selbstdenken" als dem „obersten Probierstein der Wahrheit".
[165] Kant, Kritik der Urteilskraft, § 17, S. 53ff.

In einer nachfolgenden Textpassage zeigt sich noch ein weiterer Aspekt, der Kant auf die Spur einer individuellen Verortung der Erinnerung hätte lenken können: „Es ist anzumerken: dass, auf eine uns gänzlich unbegreifliche Art, die Einbildungskraft nicht allein die Zeichen für Begriffe gelegentlich, selbst von langer Zeit her, zurückzurufen; sondern auch das Bild und die Gestalt eines Gegenstandes aus einer unaussprechlichen Zahl von Gegenständen verschiedener Arten, oder auch einer und derselben Art, zu reproduzieren; ja auch, wenn das Gemüt es auf Vergleichungen anlegt, allem Vermuten nach wirklich, wenngleich nicht hinreichend zum Bewusstsein, ein Bild gleichsam auf das andere fallen zu lassen, und, durch die Kongruenz der mehreren von derselben Art, ein Mittleres herauszubekommen wisse, welches allen zum gemeinschaftlichen Maße dient ...“[166] Der Gedankengang, der auf die (bildliche) „Normalidee“ einer Gestalt hinführt[167], ist im Grunde geeignet, auch schon auf höhere Tiere und Kinder im Alter von weniger als einem Jahr angewandt zu werden. Rechnet man dies alles aber zum „Gefühl“, fehlen einer Ästhetik wichtige Instrumente. Umso mehr ist es freilich zu bewundern, wie weit Kant dennoch auch mit Bezug auf die Ästhetik vorangekommen ist.

Die Gründe für das Aufkommen von Selbstbewusstsein, so hatte es sich in der vorliegenden Untersuchung gezeigt, lassen sich bei genauer Beobachtung der kindlichen Entwicklung weitgehend empirisch klären und hinsichtlich der virtuellen Selbstzentrierung auch am Ergebnis absichern. Die allmählich folgende erkennbare Freude des Kindes an der gewonnenen Einsicht[168] und dann an weiteren Einsichten im Umfeld der Bahn brechenden ersten Einsicht ist offensichtlich auch ästhetisch relevant. So stellen sich mit dem Aufkommen von Selbstbewusstsein erste ästhetische Wertungen von selbst ein: Der Mensch muss schon vor der Entstehung seiner Rationalität auf Gestalten stoßen und dann auch sich selbst als Gestalt wahrnehmen, um die frühe „periphere Reflexivität“ zur vollständigen Reflexivität voranzutreiben, d.h. sich als „ich“ erfassen zu können. Menschlicher Natur gemäß verbinden sich damit auch

---

[166] A.a.O. S. 57.
[167] A.a.O. S. 58.
[168] Vgl. oben 1. Kapitel.

tiefgehende emotionale Regungen, die freilich in der weiteren Entwicklung auf z.T. divergierenden Bahnen verlaufen.

Kenntnis und Selbstfindung

So legt denn die ontogenetische Betrachtungsweise hier als erstes Ergebnis nahe: Gemessen an den Maßstäben, die sich mit dem Selbstbewusstsein etabliert haben und die mit der weiteren Entwicklung des Subjekts immer auch einem Wandel unterliegen, zeigt sich das, was Kant im Zusammenhang der Ästhetik als „interesseloses Wohlgefallen"[169] oder auch als „bloß kontemplative" Lust[170] bezeichnet hatte, andeutungsweise schon in sehr frühen Jahren des Kindes. Darin liegt aber insofern zweierlei, als sich das Gefühl einerseits mit Bezug auf eine bereits vorhandene Kenntnis einstellt, andererseits aber auch auf ein schwächeres oder stärkeres Gefühl einer *spezifischen Selbstfindung*[171] hinauslaufen kann: Die Empfindung einer bislang unbewussten Affinität zu diesem oder jenem Objekt bzw. Vorgang sagt eben auch etwas über den empfindenden Menschen aus, und das spürt er selbst am besten. Stellt man im Übrigen dem Gefühl der Lust das *Gefühl der Unlust* gegenüber, das Kant in seine Untersuchung durchgehend einbezieht, führt dies mit Bezug auf die besagte Form der Selbstfindung keineswegs zur bloßen Negation. Auch in einer Abgrenzung liegt noch ein Vorzug. Klar sollte aber ebenso sein: Solche Selbstfindung kann mitunter in Sackgassen führen, die der Mensch in der einen oder anderen Weise

---

169 Kritik der Urteilskraft § 5, S. 14ff.
170 A.a.O. S. 35f.
171 Der hier benutzte Begriff der Selbstfindung gehört in den Gesamtzusammenhang dessen, was in der Psychologie als Selbstfindung bezeichnet wird. Er stellt aber lediglich eine spezifische Ausprägung des psychologischen Begriffs dar nämlich eine solche, in der es um die Gestalt bzw. um Gestalten geht. Nur insoweit kommt der Selbstfindung eine ästhetische Valenz zu. Diese Form der Selbstfindung sollte nicht dahingehend missverstanden werden, dass hier etwas Neues wahrgenommen wird, welches ausschließlich mit bereits Vertrautem verglichen wird. Vielmehr braucht sich das Neue – aus welchen jeweiligen Gründen auch immer – lediglich so dem Bewusstsein einzufügen, dass es eine Erweiterung des Selbst ahnen oder gar erkennen lässt. Diese Form der Selbstfindung kann allerdings auch den ganzen Menschen umfassen, insofern er seine eigene Gestalt als gegliederte Einheit zu erfassen versucht.

durch Vergessen oder vielleicht durch bewusste Umkehr aufgeben mag.

Die weitere Entwicklung von Kindern in ästhetischer Hinsicht können insbesondere einschlägig tätige Pädagogen skizzieren. „Gemalte" Bilder, Lieder, Gedichte, Geschichten, Tanz usw. bieten – ob gewollt oder ungewollt – nicht zuletzt Anstöße für die spätere Entstehung einer eigenen Urteilskraft und damit zur Äußerung von Geschmacksurteilen. Die Frage, die sich damit zusammenhängend aber stellt, ist, kraft wessen den Geschmacksurteilen nun eine eigene Geltung zugesprochen werden kann und ob sich solche Kompetenz anderen vermitteln lässt. Ein bloßes Gefühl, das jemand bekundet, besagt ja vielleicht nur etwas über den Äußernden selbst. Irgendeine Art von Verbindlichkeit für andere scheint damit nicht verbunden zu sein. Kant sucht das Problem dadurch zu lösen, dass er „Gründe a priori" geltend macht, die das Geschmacksurteil in seiner Geltung rechtfertigen: „Das Bewusstsein der bloß formalen Zweckmäßigkeit im Spiele der Erkenntniskräfte des Subjekts, bei einer Vorstellung, wodurch ein Gegenstand gegeben wird, ist die Lust selbst, weil es einen Bestimmungsgrund der Tätigkeit des Subjekts in Ansehung der Belebung der Erkenntniskräfte desselben, also eine innere Kausalität (welche zweckmäßig ist) in Ansehung der Erkenntnis überhaupt, aber ohne auf eine bestimmte Erkenntnis eingeschränkt zu sein, mithin eine bloße Form der subjektiven Zweckmäßigkeit einer Vorstellung in einem ästhetischen Urteile enthält."[172]

Ein Abgleich dieses Gedankenganges Kants mit dem oben durchgeführten Aufweis dessen, was mit der Entstehung des Selbstbewusstseins beim Kind an Differenzierungsmöglichkeiten quasi freigesetzt wird, lässt Übereinstimmungen und Unterschiede deutlicher werden. Kants umfassende Transzendentalphilosophie, der Hönigswald mit seinem prinzipientheoretischen Verständnis der Gegenständlichkeit nahe steht und für die eine *schrittweise* Entwicklung des Kindes zur eigenen Vernunft ausgeschlossen erscheint, muss die subjektive Zweckmäßigkeit ganz auf der Ebene transzendentaler Vernunftvermögen positionieren, weshalb wichtige empirische Momente zu kurz kommen. Stattdessen gilt es jedoch,

---

[172] A.a.O. S. 36.

einfach zu erkennen, was beim Kinde stattfindet: Schon in seiner Freude an solchem, dessen es gewahr wird, seien es Stofftiere oder Puppen unter seinem Spielzeug oder vielleicht auch junge Tiere, bestätigt sich offenbar die „Form der subjektiven Zweckmäßigkeit" dieser Vorstellungen. „Diese Lust ... hat ... Kausalität in sich, nämlich den Zustand der Vorstellung selbst und die Beschäftigung der Erkenntniskräfte ohne weitere Absicht zu *erhalten*. Wir *weilen* bei der Betrachtung des Schönen, weil diese Betrachtung sich selbst stärkt und reproduziert ...", erklärt Kant am Schluss des § 12[173] In dem Plural „Erkenntniskräfte" wird allerdings der transzendentale „Überhang" deutlich.

Hönigswald, der in der „Systematik" von der Verständigungsgemeinschaft um das Kunstwerk und dem Geschmacksurteil ausgeht (s.o.), lässt sich so interpretieren, dass er für die Problematik der nicht ausreichenden Vermittlung von Gefühl und Begriff in der Ästhetik Kants eine Alternative bietet. Die (oben erwähnte) „unmittelbare Verständigungsfunktion" des Kunstwerks kann sich nämlich offenbar nur einstellen, wenn es als eine Ganzheit aufgefasst wird. Das bedeutet zugleich, dass es auch bei zeitlicher Erstreckung eine Einheit bleiben muss. Deshalb erklärt der Kantianer, wie schon oben erwähnt, dass dem Geschmacksurteil „die Einzeitigkeit der *Erfassung* des Kunstwerks", d.h. des „Intuitiven" am Kunstwerk, zugrunde liegt. Die dazu geforderte Kennerschaft läge aber nicht vor, wenn sie nicht zugleich die Ganzheit auch in ihrer Gliederung zur Kenntnis nähme. Nun zeigt sich die Ganzheit des Kunstwerks als Gestalt. Der Kenner muss also beides erfassen, Gestalt und Gliederung. Sein Geschmacksurteil spricht mithin für eine eigenständige Kompetenz.

Hönigswald hat in dem komprimierten Text aber noch mehr im Blick: „So verschmelzen denn die entscheidenden Instanzen: die schlechthinnige Ganzheit, also die restlose Gliederung des Kunstwerks, dessen Einzigkeit, weiterhin die monadische Einzigkeit des jeweiligen <Kenners> und seiner jeweiligen Geschmacksurteile bei strenger Unerlässlichkeit des Begriffs der Kennerschaft selbst; sodann die Historizität des gleichzeitiger Strukturanalyse erschlossenen Kunstwerks und die dadurch bedingte relative Typizität von

---

[173] A.a.O. S.37.

Kunstschöpfungen und künstlerischen Wirkungen nach kunstgeschichtlich gegliederten Perioden. Der Gemeinschaft aller dieser Instanzen entspricht der Gedanke der spezifischen Objektivität des Kunstwerks, seiner bezeichnenden Ansprüche auf Zeitlosigkeit."[174]

Im Vergleich mit dem Kriterium Kants, der bloßen Form der Zweckmäßigkeit ohne Zweck, die das Gefühl des Rezipienten anspricht, erfordert das Erfassen des Kunstwerks durch den Kenner bei Hönigswald ein hoch differenziertes Gewahrwerden, das vom Gefühl begleitet sein dürfte, das aber insgesamt eine geistige Leistung darstellt. Die Restlosigkeit der Gliederung des Werks zu erfassen, dürfte sich in manchem sogar als eine rationale Herausforderung erweisen. Für die kunstgeschichtliche Betrachtungsweise des Wissenschaftlers, die der „mittelbaren Verständigungsfunktion" des Kunstwerks nachgeht, fordert der Autor eine solche Kompetenz nicht. Vielmehr tritt dank seiner dem Geschmacksurteil des „genießenden Kenners'" die Bestimmung des Kunstwerks durch Begriffe auf Basis der „Gliederungsmannigfaltigkeit der Wissenschaften und deren Verfahrungsweisen" zur Seite.[175,176]

Gestalt und Geist – das Begriffspaar bietet, wie sich gezeigt haben dürfte, einen geeigneten „Interferenzbereich", um Spezifisches der Ästhetik herauszuarbeiten. Sie vermag dem Leben des Menschen Horizonte zu erschließen, die immer neue Anstöße zu den verschiedensten Formen der *Selbstfindung* zu geben vermögen. Die Weise, wie Menschen im Rahmen ästhetischer Orientierung „bei

---

[174] Hönigswald, Die Systematik ..., 2. Teil S. 596.

[175] A.a.O. S. 593ff.

[176] Da es für den Gang dieser Untersuchung nur um einen wichtigen Aspekt der Ästhetik Hönigswalds ging, scheint es geboten, wenigstens darauf hinzuweisen, dass er in dem zitierten Nachlasswerk „Wissenschaft und Kunst" und eher andeutungsweise auch in der „Systematik" Kunst und Wissenschaft einander sehr stark anzunähern versucht. Das Kunstschöne wird auf die Ebene der Wahrheit gehoben. „Der Wahrheit des Schönen entspricht ... die Schönheit des Wahren (S. 619). Und „das gestalthaft gegliederte Objekt erscheint als ein Sonderfall der Koinzidenz von Tatsache und Prinzip" (S. 612). Ausschlaggebend für diese Argumentationsschritte ist seine Theorie der Gegenständlichkeit (vgl. z.B. „Wissenschaft und Kunst" S. 100), die die Kant'sche Gegenstandskonstitution zur umfassenderen Prinzipientheorie weiterzuentwickeln versucht, ohne den Begriff des Subjekts tiefergehend zu erhellen. Die Überhöhung dieser Sichtweise wird besonders deutlich, wenn man bedenkt, dass sich so etwas wie ein Zusammenfallen von Tatsache und Prinzip nur in dem Selbstbewusstsein des Menschen nachweisen lässt.

sich selbst" zu sein vermögen, hat ihren ganz eigenen Rang. Die Aspekte der Selbstfindung im ästhetischen Kontext bedeuten dem Menschen auch noch nach der „Rückkehr" ins Alltägliche etwas. Im Hintergrund seiner vielfältigen Möglichkeiten, sich der Kunst zuzuwenden ob als Ausübender oder Rezipient, bleibt eben stets auch das Motiv der Freiheit lebendig, selbst wenn es um äußerer Verhältnisse willen verdeckt oder gar verdrängt werden müsste. Das künstlerisch Gestaltete realisiert eine jeweils völlig eigene „Norm", bei Hönigswald „Ganzheit und restlose Gliederung" genannt, die sich nicht, jedenfalls nicht auf Dauer, der Unfreiheit dienstbar machen lässt.

10. Kapitel

Leben mit der Natur

Der Gang der Untersuchung hat bislang neben einer grundlegenden Klärung zur Entstehung der menschlichen Vernunft eine erste Übersicht über das geistige Leben einschließlich Praxis und Ästhetik erbracht. Dabei ließ sich auch schon im Zusammenhang mit dem Problem einer überzeugenden sittlichen Grundnorm mehr als nur ein Fingerzeig dahingehend erkennen, dass der Mensch aus heutiger Sicht durch seine Ausbreitung und seine Ausbeutung der natürlichen Ressourcen einschließlich der massiven Belastungen der Umwelt eine Verantwortung für das irdische Leben insgesamt trägt. So liegt es nahe, vorab das Leben im ursprünglichen Sinne, also in demjenigen der Biologie und anderer Naturwissenschaften allgemein zu thematisieren.

In diesem Sinne geht es um das organische Leben ungezählter Individuen, Pflanzen, Tiere und – mit einigen Tierarten nahe verwandt – Menschen. Alle diese Individuen sind darauf ausgerichtet, Nahrung an geeigneten Standorten aufzunehmen, zu suchen und zu finden, zu erkämpfen usw., um ihr Leben entfalten und ihre Gene an Nachkommen weitergeben zu können. Die biochemischen Prozesse, die bis in die höchsten Entwicklungsstufen hinein die Basis aller Lebensformen darstellen, weisen durchgängig Merkmale auf, die darauf schließen lassen, dass die frühesten Lebewesen eine einzellige Urform ohne Zellkern waren, aus denen alles weitere Leben hervorgegangen ist. Zu der Frage, wie diese Urform auf Basis von Aminosäuren usw. entstanden sein mag, ist von einer „Ursuppe", von den Tiefen eines „Meeres" oder von einem Kometeneinschlag die Rede. Nüchtern betrachtet liegt diesen Varianten durchweg ein Zufall oder gar eine Reihe von Zufällen zu Grunde, deren Wahrscheinlichkeit sich allerdings dadurch vergrößert haben sollte, dass für ihr Eintreten reichlich Zeit zur Verfügung stand.

Das je konkrete Leben, um das es hier nur gehen kann, lässt sich treffend unter dem Begriff „Dasein" fassen, weil darin etymologisch auch „Anwesenheit" und „Existenz" mitschwingen.

„Dasein" bringt hier somit auch die biologische *Eigenständigkeit* der ungezählten lebenden Individuen zum Ausdruck. Diese Eigenständigkeit spielt schon insoweit eine bemerkenswerte Rolle, als für die Individuen die uneingeschränkte Geltung *aller* Naturgesetze nicht selbstverständlich zu sein scheint.

Die entscheidende Abweichung deutet sich mit Bezug auf die Kausalität an. Es lässt sich nämlich mit Grund bezweifeln, dass alle Vorgänge auf der Welt uneingeschränkt dem *einen* großen Zusammenhang von Ursache und Wirkung unterworfen sind, so dass von einem strikten Determinismus gesprochen werden müsste. Denn in jedem Lebewesen findet eine jeweils *eigenständige Nutzung* von Ursache und Wirkung statt: Die Kausalität wird hier so weit möglich im Sinne der Erhaltung des einzelnen Lebewesens, also seines Daseins, genutzt. Pflanzen und Tiere entwickeln dazu je nach Anlagen bedingte Möglichkeiten, Kausalität gegen Kausalität zu richten: Sie überwinden z.B. ein Stück weit die Schwerkraft. Warmblüter halten ihre Körpertemperatur bei wechselnden Außentemperaturen usw. Als ein „herausragendes" Beispiel lassen sich in dem Zusammenhang jene Streifengänse anführen, die Jahr für Jahr zwei Mal das Himalaya-Gebirge zwischen Sibirien und Indien überfliegen, um dem harten Winter im Norden zu entkommen und im Frühjahr zurückzukehren. Wie entstand die gewaltige Leistungsfähigkeit ihrer Lungen, die es ihnen ermöglicht, über Hunderte von Kilometern in der extrem dünnen Luft zu fliegen? Es bedarf wohl keiner weiteren Beispiele: Jedes „Dasein" ist ein solches, dem es um sein eigenes Sein geht.

Aber die merkwürdige Individualisierung der Kausalprozesse gibt dem Philosophen noch kein solides Argument an die Hand zu vertreten, dass an deren Ursprung noch anderes beteiligt sein müsste als die geeignete umgebende Atmosphäre und Materie sowie jene zufallsbedingte Anordnung derjenigen, von den Biologen erkannten komplexeren Moleküle, die für das Entstehen der ersten Einzeller und damit des Lebens erforderlich waren. Die oben aufgeworfene Frage, ob die Naturgesetze hier trotz besagter Individualisierung uneingeschränkt gelten, ist also noch nicht beantwortet. Geht man aber davon aus, dass ausschließlich von Zufällen im Sinne der klassischen Physik die Rede ist, dann wären die Zufälle nur dem Kenntnisstand der Beobachter geschuldet und die besagte Individualisierung der Kausalprozesse müsste sogar uneingeschränkt den Naturgesetzen entsprechen.

Da an dem Entwicklungsgang Mutationen – überwiegend im Zusammenhang der geschlechtlichen Vermehrung der Individuen auftretend – rein als solche keineswegs Garanten eines Fortschritts sind, ist es der erfolgsabhängige Erfahrungserwerb im weitesten (also nicht nur im mentalen) Sinne, der zumeist via Mutation unter variablen Lebensbedingungen so etwas wie eine Richtung in die Weiterentwicklung der jeweiligen Arten bringt. Dafür sprechen alle diejenigen, über Generationen einzelner Arten nachweisbaren Veränderungen des Verhaltens, der Physis und der Psyche der Individuen, die eine Umstellung auf neue Herausforderungen erkennen lassen. Wo immer Mutationen auftreten, erschließt das mitsamt dem besagten Erfahrungserwerb Entwicklungsmöglichkeiten, die von den einen Individuen mit Erfolg genutzt werden können, während andere evtl. dahinvegetieren oder untergehen.

Schon die bisher angesprochenen Abläufe zeigen, dass die Evolutionstheorie Darwins immer neuer Ergänzungen zugänglich war und so in ihrer Geltung immer weiter bestätigt worden ist. Eine besondere Herausforderung für diese Theorie stellen nun aber im Gesamtzusammenhang der Evolution des Lebens das Auftreten von Bewusstsein und dann die Herausbildung des Selbstbewusstseins dar: Erst der Mensch wird *seiner selbst als bewusstes Leben* inne und beginnt auf der Basis des Selbstbewusstseins zu denken und den Geist zu entfalten.

Insgesamt liegt es nahe festzustellen, dass im Leben und damit im Dasein etwas angelegt ist, was über die Kausalität hinausweist und was schließlich auf der Stufe des Menschen in der Freiheit des Denkens mündet. Die eigenständige Nutzung von Kausalität, also das selbstständige Setzen von Ursachen, seien sie noch so subtil, hebt den Determinismus zumindest schleichend auf. Schon bis hin zu jener Stufe, die im 1. Kapitel unter A als „schlichtes Bewusstsein" höherer Tiere bezeichnet wurde, gibt es zumindest eine ganze Reihe von Vorformen, die sich übrigens auch dem in dieser Untersuchung eingeführten Begriff der „peripheren Reflexivität" zuordnen lassen. So kann offenbar von einer solchen Reflexivität auch dann schon gesprochen werden, wenn eigentlich nur von einem begrenzten Wahrnehmungssegment ohne umgreifendes, klares

Bewusstsein die Rede ist. Z.B. lässt die genaue Beobachtung des Verhaltens von Regenwürmern erkennen, dass es bereits auf der Entwicklungsstufe des Oberschlundganglions, dem frühen Vorläufer des Gehirns, Anzeichen für eine periphere Reflexivität gibt.[177] Das aber spricht wiederum dafür, dass in der Evolution die Bewusstseins-Peripherie der Individuen schrittweise erschlossen und erweitert wird, deren Kombination dann zu komplexeren Formen der Reflexivität führt.

Die im 1. Kapitel thematisierte Form B von Bewusstsein mit ihrer körperzentrierten Reflexivität – also Menschenaffen, Krähenvögel usw. – macht es verständlich, dass das Individuum regelrecht lernt, mit einigen kausalen Zusammenhängen hier und da sozusagen Spielchen zu treiben. Ein Bewusstsein, das den ganzen eigenen Körper des Tieres nicht nur überschaut, sondern auch mehr oder weniger von innen heraus gleichsam emotional „versteht", erfasst so manchen kausalen Zusammenhang. Verbunden damit zeigt die ausgeprägte Neugier vieler dieser Tiere eine Offenheit, die einer durchgängigen kausalen Erklärung kaum noch zugänglich sein dürfte.

Die dritte Form von Bewusstsein (C), d.h. der selbstbewusste Mensch, kann sich systematisch *alle* kausalen Bedingtheiten klar machen, sie in Grenzen akzeptieren, evtl. zu verändern suchen und über all dies die Freiheit seines Denkens immer neu bestätigen. So ist denn das Auftreten des Denkens und mit ihm der Vernunft des Menschen auch von grundlegender Bedeutung für die Geltung der Evolutionstheorie. Solange die Vernunft nicht aus einem evolutionären Prozess hervorzugehen schien, sprach das geradezu gegen die Theorie Darwins. Mit der Klärung der Entstehung des Selbstbewusstseins und der erst dadurch erschlossenen Möglichkeit des Denkens dürfte dieses Problem aber gelöst sein.

Die bislang ausgeführten Punkte dieses Kapitels geben Anlass zu der Frage, was hier eigentlich die Funktion der Philosophie ist

---

[177] Ein nachweisbares Phänomen ist es etwa, dass relativ junge (also offensichtlich noch entwicklungsfähige) Regenwürmer auf einer glatten, nassen Fläche (im Versuch war es eine Betonplatte) nach längerem Suchen einer geeigneteren Umgebung im üblichen Kriechgang mitunter dazu neigen, den vordersten Teil ihres Körpers aufzurichten, um „oben" einen Ausweg zu finden. Dieses Tasten kann wohl kaum „bewusstlos" genannt werden.

bzw. sein kann. Die Antwort liegt offen zutage. Indem die Philosophie die Herkunft der Wahrheit aufzeigt und so den Weg vom Leben zur Wahrheit nachvollzieht, wird sie zur Sachwalterin eines Denkens, dem es insbesondere um das Leben, um sein Entstehen samt aller faktischen Bedingungen, um seine Erhaltung und Förderung geht. Um des Lebens willen richtet sich das Denken auch auf die *Welt*, deren Grenzen bislang niemand auszuloten versteht. Philosophie, die nicht völlig abhebt, sondern von der Erfahrungswissenschaft zu lernen bereit ist, kann deshalb auch ihrerseits für Erfahrungswissenschaften nützlich sein und zwar speziell dort, wo sich Grenzfragen stellen. In diesem Sinne wird sie sich z.B. auch fragen, ob das Problem des Ursprungs allen Lebens, das mit erfahrungswissenschaftlichen Mitteln bislang keiner überzeugenden Lösung zuzuführen war, noch ganz anderen Lösungsansätzen zugänglich sein könnte. Versuche, erkannte Grenzen des Erkennens zu überschreiten und so vielleicht auch die Grenzen zu verschieben, gehören deshalb genauso zur Philosophie wie solche Ansätze, die ausschließlich auf gesicherten Bahnen voranzuschreiten sich bemühen.

Im letzteren Sinne sollten hier auch noch mögliche philosophische Bemühungen erwähnt werden, denen die Frage wichtig ist, wie sich ein *Lebensverständnis* des Menschen gestalten muss, um seiner weitgehenden faktischen Einbindung in den Kontext der Natur gerecht zu werden. Diese Frage zu stellen, darf nicht als eine Preisgabe dessen verstanden werden, was mit der Lösung des Problems Selbstbewusstsein und der Erschließung der Idee der Wahrheit erreicht worden ist. Allein schon der schwindende Lebensraum für viele Pflanzen- und Tierarten, bedroht durch menschliches Fehlverhalten und Übervölkerung, macht überaus deutlich, dass es der Menschheit nur zu oft an der nötigen Empathie fehlt, das eigene Leben im *Einklang mit der Natur* zu gestalten. Deshalb könnte es schon ein vernünftiges Ziel sein, sozusagen zum richtigen Maß zurückzufinden und das verlorene Gleichgewicht zurückzugewinnen.

Ein solcher Einklang müsste im Lebensinteresse der Menschheit insgesamt liegen. Es gibt auch Menschen, deren Lebensverständnis darin so etwas wie Erfüllung findet. Nur sieht die Lebenswirklichkeit sehr oft so aus, dass das erwähnte Lebensverständnis eher selektiv zur Realisierung gelangt. Viele bevorzugen eben diese oder jene Lebewesen – seien es Pflanzen oder Tiere – und verschwenden keine Gedanken an die Erhaltung einer ausgewogenen Vielfalt, „Biodiversität" genannt. Solche Verhaltensweisen haben z.T. ihre Wurzel in früheren Phasen der Menschheitsgeschichte, in denen sich manche Tierarten mit der Zeit als treue Begleiter oder als zuverlässige Nutztiere erwiesen.

Eine distanziertere Überprüfung des Gesamtzusammenhanges wird aber noch anderes berücksichtigen: Die schöne Vorstellung eines Gleichgewichts, das es wiederherzustellen gelte, hat vielleicht mit der Realität nicht so sehr viel zu tun. Jedes frühere vermeintliche Gleichgewicht entsprach eher einer Momentaufnahme, die den status quo – wo möglich – idealisierte und nicht gründlicher danach fragte, in welchen Kämpfen sich die zu jener Zeit saturierten Arten gegen andere durchgesetzt hatten und was darüber vernichtet worden war. Dieser Einwand darf aber nicht zu dem Fehlschluss führen, nun schaffe eben der Mensch eine neue Ordnung. Zunächst einmal steht nämlich fest, dass es für immer mehr Menschen auf dem Planeten Erde vor allem durch Übervölkerung eng wird, wenn nicht schon zu eng. Im Zusammenhang damit und mehr noch mit umweltschädlichen Produktionsweisen und zerstörerischen Abbaumethoden sind das Klima, die Pflanzen- und die Tierwelt in eine bedrohliche Drift geraten, die bei Untergang vieler Arten in einer gewaltigen Umwälzung enden könnte.

So wächst denn das Verständnis dafür, dass der Mensch in seiner eigenen Existenz von der Pflanzen- und der Tierwelt – bei ausgeprägter Biodiversität – voll und ganz abhängig ist. Im Zuge dieses Erfahrungsfortschritts lassen sich inzwischen die verbleibenden Möglichkeiten mehr und mehr konkretisieren, um die nötigen, Erfolg versprechenden Gegenmaßnahmen einzuleiten und nach besten Kräften durchzusetzen. Die Menschheit steht nach weithin herrschender Meinung an einem Wendepunkt. Entwicklungen sind absehbar, die bisherige Lebensräume vieler Menschen unbewohnbar machen, während die Erdbevölkerung immer noch weiter zunimmt.

Menschliches Leben gleichsam in Gemeinschaft mit der Natur wird nun zwar hier und dort – sozusagen in Enklaven des guten Willens – angestrebt, ist aber nicht verallgemeinerungsfähig.

Der Hunger würde zum vollends unlösbaren Problem. Im Blick auf alle Herausforderungen des Lebens ist zudem der Wettbewerb der Einzelnen, der Gruppen und der Staaten eine der unvermeidlichen Konsequenzen der Freiheit. Die Menschheit muss offenbar auf dem eingeschlagenen Weg fortschreiten, wobei derzeit die Schädigungen der Natur immer noch dramatisch zunehmen. Zu viele und zu mächtige, vorwiegend politische Umtriebe setzen zudem auf „Siege" über andere politische Ordnungen und auf deren Unterdrückung. Dafür werden riesige Migrationswellen in Kauf genommen, die in anderen Regionen und Staaten neue Probleme entstehen lassen. Welches Virus – ähnlich dem Corona-Virus am Ende des zweiten Jahrzehnts des 20. Jahrhunderts – könnte den Sinn für wachsende Menschheitsbedrohungen auch in vermeintlich überlegenen Staaten und Systemen so verstärken, dass sich die Einsicht in die Notwendigkeit eines tragfähigeren Miteinanders der Menschen durchsetzt? Diese Tragfähigkeit hängt aber auch daran, wie sich der Mensch künftig zur Natur einstellt.

Es kann nicht überraschen, dass die Gedankenführung dieses Kapitels auf die praktische Philosophie und damit auf dieselbe sittliche Grundnorm stößt, die bereits im 8. Kapitel entwickelt worden war: Achte in deinem Handeln alle Mitmenschen so, wie du selbst geachtet zu werden erwartest, und berücksichtige zugleich die Verantwortung des Menschen für das Leben insgesamt. Zugleich aber hat sich hier ein weiterer Aspekt vertieft, der auch für die theoretische Philosophie von Relevanz ist: *Leben* ist gewiss kein transzendentales Prinzip im Sinne der im 3. Kapitel entfalteten Grundbegriffe. Aber gegen das Leben steht der Tod. Leben ist ein herausragender Grundsachverhalt, dessen kontinuierliche Fortentwicklung dazu geführt hat, dass das (menschliche) Selbstbewusstsein aufkommen und einen *Logos* zur Geltung bringen konnte, der dem seiner selbst bewussten Leben einen bleibenden transzendentalen Anker sichert. Dieser Anker sollte freilich nicht dazu verführen, ohne die Natur leben zu wollen.

11. Kapitel

Eine neue Aufgabe der Philosophie?

„Leben und Wahrheit" – das Thema dieser Arbeit ist aus philosophischer Sicht zum Grenzgang geworden. Die Wahrheit hat sich als transzendentale Idee herausgestellt, ohne die gar keine Erkenntnis – auch nicht mit Bezug auf Praxis und Ästhetik – zu rechtfertigen ist. Philosophie, die spekulative Themen angehen und lösen will, tut sich da schwer. Die Wahrheitsidee gilt aber jedenfalls sowohl für stringente wissenschaftliche Erkenntnisse einschließlich der nicht-spekulativen philosophischen als auch für die in großer Breite anfallenden alltäglichen Erkenntnisse der wachen Vernunft.

Hält man diesen schlichten Gedanken beim Überwechseln in Zusammenhänge praktischer oder ästhetischer Fragestellungen im Auge, schmilzt ein vermeintlich großes Problem alsbald in sich zusammen: Die Wahrheit tritt hier zumeist nur deshalb in den Vordergrund, weil sich anders theoretische Fehler in viele praktische und ästhetische Betätigungen und entsprechende Aussagen einschleichen. Die Berücksichtigung der Wahrheitskriterien verfälscht aber nicht das jeweilige praktische oder ästhetische Engagement. Im Gegenteil: Erst die theoretische Vorklärung erlaubt es, das praktische oder ästhetische Ziel und die dahin führenden Schritte in Klarheit zu fassen. Dass solches Unterscheiden immer wieder geboten ist, erklärt sich aus dem im 1. Kapitel hervorgehobenen Aspekt, dass sich „im frühen ‚ich'-Gedanken … theoretische, praktische und ästhetische Momente in homogener Evidenz" verbinden.

Der gleiche Ursprung verbindet also prinzipiell Unterschiedenes. Und so kommt der Wahrheit unter den transzendentalen Ideen die entscheidende Funktion zu. Sie ist es offenbar, die überhaupt erst die begriffliche Unterscheidung der Ideen ermöglicht. Welcher „Diskurs" käme hier ohne die Wahrheit aus, zumal sie die anderen Ideen ja nicht verändert, sondern erst in ihrer ganzen Eigenart hervortreten lässt?[178] Bereits im 1. Kapitel hatte sich gezeigt,

---

[178] Vgl. dazu im 3. Kapitel den Schlussteil: „Alternative im Diskurs?" Angesichts der hier erreichten Klärung betreffend das Verhältnis von Theorie, Praxis und Ästhetik zeichnet sich vielleicht am deutlichsten ab, dass der Diskurs-

wie sich nach der Entstehung des menschlichen Selbstbewusstseins Schritt um Schritt immer weitere Einsichten gewinnen ließen. Die Idee der Wahrheit wurde dabei insofern die folgenreichste, als sie an sich zwar ohnmächtig erscheint, sich jedoch in vielerlei Weisen als überaus alltagstauglich bewährt und sich überdies in allen Sprachen der Menschen auch über ungezählte Einzelschicksale und die dunkelsten Phasen der Menschheitsgeschichte hinweg als die auf lange Sicht zuverlässigste *geistige Macht* erwiesen hat.

Fragt man, in wessen Zuständigkeit es fällt, der Herkunft des Wissens um die Wahrheit auf die Spur zu kommen, gerät man z.T. ins relativierende Dickicht der Geistesgeschichte. Eigentlich schien das Wissen um die Wahrheit ja immer schon verfügbar, weshalb es nahe lag, sie als Teil göttlicher Offenbarung anzusehen. Als professionelle Aufgabe musste das Thema aber Sache der Philosophen sein, wobei deren Verpflichtung auf die Voraussetzungslosigkeit ihres Denkens eigentlich so verstanden werden konnte, dass auch die Wahrheit abgeleitet werden müsse.[179] Ohne eine schlüssige Erklärung des Selbstbewusstseins konnte das aber nicht gelingen. Da jedoch alle Menschen mit dem Selbstbewusstsein über die nötige ursprüngliche Evidenz verfügten, nahm ein jedem Kind leicht zu vermittelndes, bewährtes Grundverständnis der Wahrheit in der Regel keinen Schaden. Dort freilich, wo das Wahrheitsverständnis von Menschen in den Dienst favorisierter Ziele gestellt wird oder werden sollte, wird das Korrektiv einer freien Diskussion unwillkürlich oder gar systematisch behindert, so dass es geboten ist,

---

Theoretiker Habermas mit seiner Einstufung der „diskursiven Vermittlung" offensichtlich bewusst darauf verzichtet, für diese Gedanken einen eigenen Wahrheitsanspruch geltend zu machen. So schreibt er in „Wahrheit und Rechtfertigung" (S. 8/9): „Noch in den Spuren des Platonismus befangen, hatte die Bewusstseinsphilosophie das Innere gegenüber dem Äußeren, das Private gegenüber dem Öffentlichen, die Unmittelbarkeit des subjektiven Erlebens gegenüber der diskursiven Vermittlung privilegiert". Der Wahrheitsbegriff, der nach dem Gang dieser Untersuchung einzig aus dem „subjektiven Erleben" hervorgehen kann, lässt alles Private hinter sich und damit auch die Ebene eines von Habermas und seinen Anhängern unterstellten, im Grunde fiktivem Diskurses.

[179] Das hat schon Platon so gesehen, weshalb er mit seinem „Liniengleichnis" (Politeia, S. 509 c–511 e) den voraussetzungslosen Aufweis der Wahrheit angedeutet hat. In der Sache konnte das aber nicht weiterführen.

rechtzeitig an die existenzielle Bedeutung der Wahrheit für das menschliche Leben zu erinnern.

Die „geistige Macht" der Wahrheit ist jedenfalls dann zuverlässiger zu sichern, wenn auch jedweder Irrtum einschließlich der Irrtümer spezifisch ausgerichteter Diskurse in Freiheit diskutiert werden kann. Es lassen sich erstrangige Belege zusammentragen, die zeigen, dass diese Überzeugung bereits in der Antike zur Geltung gekommen ist. Die Dialoge Platons sind nicht nur insofern überragende Zeugnisse. Er liefert auch Belege dafür, dass es für Philosophen nicht immer ratsam war, diese geistige Macht allzu offen zu verkünden. „Der Tod des Sokrates" (so lautet auch der Titel eines bekannten Werks von Romano Guardini[180]), hatte gezeigt, wie die Mächtigen auf das offene Bekenntnis von Philosophen zur Verpflichtung auf eine lebensnahe Wahrheit reagieren konnten. Wahrheit und Freiheit gehören insofern offenbar zusammen.

Sartres Wahrheits-Argument

Unter denjenigen Denkern, die der Lösung des Problems um die „Herkunft" der Wahrheit nahe gekommen sind, hat es im Duktus dieser Untersuchung besonderen Reiz, noch etwas näher auf Jean-Paul Sartre einzugehen[181], weil damit zugleich eine bedeutende Variante der Existenzphilosophie zur Sprache kommt. Da Sartre der Subjektstheorie große Aufmerksamkeit schenkt, sollte eine Abgrenzung der hier vertretenen Auffassung gegen die Lehre des Existentialisten zusätzliche Klarheit verschaffen. Sein frühes Hauptwerk „L'Etre et le Neant" von 1943 bietet allerdings mit seinen übergeordneten Maßstäben „Sein" und „Nichts" keinen gänzlich unvoreingenommenen und insofern keinen direkten Zugang zur Subjektthematik. Der drei Jahre später erschienene Essay „Ist der Existentialismus ein Humanismus?"[182] scheint da einiges vereinfachen zu sollen. „Auf jeden Fall können wir von Anfang an sagen, dass wir unter Existentialismus eine Lehre verstehen, die das menschliche Leben möglich macht und die anderweit erklärt, dass

---

[180] Romano Guardini, Hamburg, 1962.
[181] Vgl. dazu schon die Ausführungen des 2. Kapitels betreffend das späte Hauptwerk von D. Henrich.
[182] Jean-Paul Sartre, Drei Essays, Berlin 1963.

jede Wahrheit und jede Handlung eine Umwelt und eine menschliche Subjektivität[183] einschließt." Er stehe, so Sartre, für einen „atheistischen Existentialismus, der erklärt, dass, wenn Gott nicht existiert, es mindestens *ein* Wesen gibt, bei dem die Existenz der Essenz vorausgeht, ein Wesen, das existiert, bevor es durch irgendeinen Begriff definiert werden kann, und dass dieses Wesen der Mensch ist", ... was „bedeutet, dass der Mensch zuerst existiert, sich begegnet, in der Welt auftaucht und sich *danach* definiert... Wenn der Mensch, so wie ihn der Existentialist begreift, nicht definierbar ist, so darum, weil er anfangs überhaupt nichts ist. Er wird erst in der weiteren Folge sein, und er wird so sein, wie er sich geschaffen haben wird."[184] Eine der weiteren Schlussfolgerungen ist dann: „... es gibt keine Vorausbestimmung mehr, der Mensch ist frei, der Mensch ist Freiheit"[185]. Und: „Der Mensch ist nichts anderes als sein Leben"[186].

Sartre findet in der Folge die Wahrheit nur noch beim Menschen: „Unser Ausgangspunkt ist ... die Subjektivität des Individuums, und dies aus streng philosophischen Gründen. Nicht weil wir bürgerlich sind, sondern weil wir eine auf Wahrheit gegründete Lehre wollen ... Es kann dabei keine andere Wahrheit geben, von der man ausgehen kann, als diese: Ich denke, also bin ich. Es ist dies die absolute Wahrheit des Bewusstseins, das zu sich selbst kommt. ... außerhalb des cartesianischen Cogito sind alle Objekte nur wahrscheinlich, und eine Lehre des Wahrscheinlichen, die nicht an einer Wahrheit hängt, fällt ins Nichts zusammen; um Wahrscheinliches zu bestimmen, muss man das Wahre besitzen.[187] ... Aber die Subjektivität, die wir da als Wahrheit erreichen, ist nicht eine streng individuelle Subjektivität, denn wir haben bewiesen, dass man im cogito nicht nur sich selber entdeckt, sondern auch die andern... Durch das <Ich denke> kommen wir ... zu uns selber im Angesicht des andern, und der andere ist für uns ebenso sicher wie wir uns selbst. Somit entdeckt der Mensch, der sich durch das

---

[183] A.a.O. S. 8. Walter Schmiele versteht „subjectivité" durchgehend als „Ichheit". Stattdessen wurde in den hier zitierten Auszügen die wörtliche Übersetzung gewählt.

[184] A.a.O. S. 11.

[185] A.a.O. S. 16.

[186] A.a.O. S. 23.

[187] A.a.O. S. 28.

Cogito unmittelbar erfasst, auch alle andern, und er entdeckt sie als die Bedingung seiner Existenz."[188] So wäre denn die Brücke zum Humanismus geschlagen: Der Mensch ist verantwortlich für alle Menschen, wobei er die volle Wahlfreiheit hat.[189]

Die Frage, die sich nach den Auszügen aus dem besagten Aufsatz Sartres stellen sollte, ist nun: Wie ergibt sich der Standpunkt – eingeschränkt oder vielleicht sogar uneingeschränkt – aus „Das Sein und das Nichts"? Sartre unterscheidet in dem Werk von 1943 - wie schon oben erwähnt, zwischen einem „reflexiven" und einem „praereflexiven cogito": „So gibt es keine Art von Vorrang der Reflexion über das reflektierte Bewusstsein … das nicht reflexive Bewusstsein macht die Reflexion erst möglich: es gibt ein präreflexives cogito, das die Voraussetzung des Cartesianischen cogito ist. Gleichzeitig ist das nicht-setzende Bewusstsein des Zählens gerade die Voraussetzung für meine Addiertätigkeit".[190] Der letzte Satz des Zitats macht deutlich, dass Sartre der bloßen Tätigkeit des Zählens keinerlei Reflexivität zuerkennt. Diese These hatte er zuvor unter Berufung auf die (bloße) Phänomenbeschreibung des Zählens gewonnen und dies noch durch den Hinweis ergänzt, das zählende Bewusstsein sei „durchaus kein setzendes Bewusstsein", man erkenne sich beim Zählen „nicht als Zählenden".[191] Wie beim Zählen, so beim Denken allgemein: Sartre setzt das lateinische „cogito" dem französischen „je pense" gleich. Er macht aber nicht klar, ob das „ego" oder das „je" in der praereflexiven Version wenigstens *implizit* mitgemeint sein soll. Wäre dies der Fall, müsste noch diskutiert werden, wie ein „ich" zu deuten sein könnte, das nicht als solches für Reflexivität steht. Überdies wäre zu fragen, wie nach Sartre überhaupt ein Denken ohne immanente Reflexivität *als* Denken denkbar sein soll.

Die Vorab-Festlegung auf die grundsätzliche Disjunktion Sein und Nichts hat Sartre offenbar auch in dem zuvor angeführten Essay zu der zitierten Erklärung veranlasst, dass der Mensch aus Sicht des Existentialisten „anfangs überhaupt nichts ist", weil er „nicht definierbar ist". Der Abgleich mit dem, was sich in der Le-

---

[188] A.a.O. S. 26.
[189] A.a.O. S. 12.
[190] Ders. Das Sein und das Nichts, Hamburg 1962, S. 19.
[191] A.a.O. S. 18.

bensphase, die hier durch „anfangs" umrissen wird, nach empirisch belegbaren Ausführungen unserer Untersuchung bei Kindern abspielt, spricht dafür, dass es sich beim Nichts und damit wohl auch beim Sein um Kategorien handelt, deren Relevanz für die Realität erst noch näher erläutert werden müsste.

In der „Einleitung" des Hauptwerks geht es unter dem Titel „Auf der Suche nach dem Sein"[192] zunächst um das „Sein an sich", woraus sich vielleicht die fehlende Erläuterung ergibt. Das „an sich" besage nicht, dass das Sein „auf sich verweist", heißt es. Richtig, so Sartre, wäre es zu sagen „das Sein ist, was es ist".[193] Diese Bestimmung dessen, was „An-sich" meint, müsse vom „Für-sich" unterschieden werden, das tatsächlich eine Beziehung impliziert.[194] Anders als das An-sich kann das Für-sich in einer Beziehung zu anderem stehen. Das aber gilt vom Bewusstsein. So kommt denn hier nach der Darstellung des Autors durch das Für-sich zum ersten Mal der *Grund* in die Welt. Das Für-sich aber ist nunmehr ein „genichtetes" An-sich. „Das absolute Ereignis oder Für-sich ist in seinem Sein selbst kontingent. Entziffere ich die Gegebenheiten des praereflexiven cogito, so stelle ich zwar fest, dass das Für-sich auf sich verweist. Was es auch immer sei, ist es dieses in der Weise des Seinsbewusstseins."[195] Ein bloßes Seinsbewusstsein aber hat nach dieser Festlegung kein Selbstbewusstsein.

Nur als Vorweg-Beobachtung lässt sich dazu bereits festhalten, dass solches Seinsbewusstsein offenbar schon dem noch nicht vernünftigen Kind zugesprochen werden müsste, wenn es denn von der Begrifflichkeit her ernst genommen werden soll. Dies also wäre schon ein Für-sich. Das Ego, das im Cogito eigentlich zum Ausdruck kommt, ist nun laut Sartre „als vereinender Pol der „Erlebnisse" nicht etwa für-sich, sondern an-sich: „Wäre das Ego <aus Bewusstsein>, so wäre es in der Tat sich selbst sein eigener Grund in der Durchsichtigkeit des Unmittelbaren. Aber dann wäre es das, was es nicht wäre, und wäre das nicht, was es wäre, und eben

---

[192] A.a.O. S. 9–35.
[193] A.a.O. S. 33.
[194] A.a.O. S. 132ff.
[195] A.a.O. S. 135.

das ist nicht die Seinsweise des Ich (je)."[196] Es folgen die bereits im 2. Kapitel zitierten Sätze: „Das Bewusstsein, das ich von dem Ich haben kann, erschöpft es in der Tat niemals, und es bringt das Ich auch nicht zur Existenz: es gibt sich stets als da gewesen seiend – und zugleich mit einer Tiefe, die sich allmählich enthüllen muss. Das Ego erscheint dem Bewusstsein somit wie ein transzendentes An-sich, wie ein Seiendes der menschlichen Welt, aber nicht wie Bewusstsein."[197]

Bezieht man diesen letzten Aspekt auf Sartres (oben erwähnten) Anspruch zu beweisen, dass die Wahrheit allein aus dem „cogito ergo sum" hervorgehen kann, legen sich gründliche Zweifel nahe. Um nämlich über die für den Schluss auf die „absolute Wahrheit" (s.o.) erforderliche *Evidenz* zu verfügen, muss mit und in dem Gedanken „ich" eine Synthese stattfinden, die Teil des Bewusstseins selbst ist. Einem „ich", das selbst nur ein An-sich sein soll, also ein „Transzendentes", wie Sartre erklärt, lässt sich keine solche Synthese zusprechen, kraft deren eine Evidenz entstünde. Das Ego muss sich nun also im Sinne Sartres – in welchen Erkenntnisprozessen auch immer – erst allmählich enthüllen. Wie sich dies von der Ebene des bloßen Bewusstseins aus vollziehen soll, erklärt der Autor freilich nicht. Sartre schließt das allein richtige Verständnis des reinen „ich" und damit die alles entscheidende Evidenz geradezu aus: Es kann nicht „sich selbst sein eigener Grund in der Durchsichtigkeit des Unmittelbaren" sein.

Anknüpfend an das, was bereits oben[198] mit Bezug auf Husserl festgestellt worden war, zeigt sich auch bei Sartre, dass es hinsichtlich des menschlichen Bewusstseins und damit auch des Selbstbewusstseins scharfsinnig erscheinende Unterscheidungen gibt, die der Realität nicht gerecht zu werden vermögen. So hatte Husserl Urteilsinhalt und Urteilsakt wie auch Noema und Noesis scharf gegeneinander abgegrenzt, so dass das reale Bewusstsein dabei auf der Strecke blieb. Sartre aber beruft sich in „Das Sein und das Nichts" sehr bald auf Husserl: „Jedes Bewusstsein – Husserl hat es

---

[196] Der kleine „Wirbel" der Argumentation ergibt sich hier dadurch, dass Sartre seine Unterscheidung in An-sich und Für-sich als erwiesen unterlegt, d.h. dass das Ich als An-sich kein Für-sich sein kann.

[197] A.a.O. S. 159.

[198] Siehe oben 5. Kapitel.

gezeigt – ist Bewusstsein *von* etwas. Das bedeutet, dass es kein Bewusstsein gibt, das nicht Setzung eines transzendenten Objekts wäre, oder, wenn man lieber will, dass das Bewusstsein keinen <Inhalt> hat."[199]

Dem ist entgegenzuhalten, dass schon reales Bewusstsein – auch das von höheren Tieren und Kindern unter zwei Jahren – gar kein Bewusstsein wäre, wenn es nicht neben einem explizit bewussten Gegenstand noch seiner selbst irgendwie gewärtig wäre – als wahrnehmend, als erwartungsfroh, als ablehnend usw. Ein seiner selbst bewusstes Bewusstsein, das auf einen Gegenstand usw. gerichtet ist, kann aber überhaupt nur ein Wissen haben, wenn es sich dabei als Wissendes weiß. Sartre verfügt bei allen scharfsinnig wirkenden Erklärungen über keinen schlüssigen Begriff des Denkens und schon gar nicht über eine schlüssige Theorie des Selbstbewusstseins. Demgegenüber erkennt die transzendentale Sicht im puren Gedanken „ich" die reine Geltung. In dem Gesamtgedanken „Ich"[200] aber, der zugleich das Denken des „ich" umfasst, wird natürlich auch das Sein des Subjekts mitgedacht.

Es erübrigt sich, die Darstellung und Analyse der Theorie Sartres in etliche Facetten hinein weiter zu treiben.[201] Nach der in unserer Untersuchung präsentierten Selbstbewusstseinstheorie entsteht das alles entscheidende Prinzip oder Prinzipienbündel am Anfang aller geistigen Entwicklung des Menschen. Die prinzipielle Einheit des kindlichen Bewusstseins, die sich im gefestigten „ich"-Gedanken alsbald nachweisen lässt und sich als wirkmächtig auch für die geistige Weiterentwicklung des Kindes erweist, lässt sich nicht wieder zurücknehmen. Ist das *begriffliche Denken* unter Nutzung der entsprechenden neuen Neuronenbahnen im Gehirn erst einmal eingeübt, gibt es kein Zurück zum status quo ante. Sartre sucht mit fiktiven Unterscheidungen der in der Frühphase des Menschen entstandenen unauflösbaren „komplexen Gesamttatsache"[202] des Selbstbewusstseins gerecht zu werden. Infolgedessen leidet das

---

[199]   Sartre, Das Sein ..., S. 16.
[200]   Vgl. oben 1. Kapitel.
[201]   Gründliche Untersuchungen hat diesbezüglich vor allem Manfred Frank vorgelegt: Präreflexives Selbstbewusstsein, Stuttgart 2015, m.w.N. Frank hält den Gedanken für prinzipiell tragfähig.
[202]   Vgl. 1. Kapitel mit der Fußnote betr. Henrich, Denken und Selbstsein.

„cogito ergo sum" Descartes' bei ihm unter völligem Evidenz-Entzug. So jedoch verliert es jede Beweiskraft.

Philosophie als Wissenschaft

Der oben zitierte Satz des Existentialisten „Der Mensch ist nichts anderes als sein Leben"[203] regt aber dazu an, ihn mit dem Titel dieses Buches „Leben und Wahrheit" zu vergleichen. Die bisherigen Ausführungen haben nämlich – beginnend im 1. Kapitel – die aus philosophischer Sicht herausragende Rolle der Wahrheit deutlich werden lassen. Es kann inzwischen keine Frage mehr sein, dass allein das menschliche Selbstbewusstsein den Zugang zur Idee der Wahrheit erschließt. Aber das Erkennen richtet sich zumindest auf alles Seiende, so dass die Rolle der Wahrheit über das Leben weit hinaus geht. Der einzelne Mensch kann sein Leben in den Dienst der Wahrheit oder z.B. auch in den Dienst der Idee des Guten stellen. *Insofern* ist er nicht *nur* sein Leben. Und da ihm die Wahrheit mit auf seinen Lebensweg gegeben ist, ist sie zugleich auch seine Aufgabe. Um des Lebens als ganzen willen muss es ihm um die Wahrheit gehen.

Mit Bezug auf sein eigenes Leben bleiben dem Menschen auch die transzendentalen Aspekte dieses Lebens gegenwärtig, ob er sie nun „transzendental" nennt oder nicht. Es sind die Aspekte, die dem Leben des Menschen ein ganz eigenes Gepräge geben. Anders als alles tierische Bewusstsein hat der Mensch ein differenziertes Bewusstsein *seines Lebens.* Die geistigen Bestrebungen dieses Lebens aber laufen immer wieder insofern auf die Wahrheit zu, als der je konkrete Geist im Selbstbewusstsein seine Gründung und Rechtfertigung findet. Selbst das bewusste Meiden der Wahrheit weiß um sie. So wird die Menschheit, solange es sie gibt, die Idee der Wahrheit auch „weitertragen" nicht ganz unähnlich den Fackelträgern, die dasselbe Feuer über große Distanzen zu anderen Standorten bringen.

Im Zusammenhang mit den vorstehenden Überlegungen scheint es nun angemessen, der Frage nach der Rolle der Philosophie mehr Aufmerksamkeit zu schenken. Offensichtlich schwingt sie sich nach dem bisherigen Gang dieser Arbeit keineswegs zu

---

[203]   Vgl. Fußnote 8.

großen Höhen auf, um sozusagen in Schwindel erregenden Regionen ein Privatissimum mit dem „Weltgeist" zu zelebrieren. Philosophie stellt sich vielmehr – zunächst jedenfalls – vorrangig als Subjekttheorie dar, die allerdings in Folge der transzendentalen Erschließungsfunktion des Selbstbewusstseins auch andere Horizonte der menschlichen Vernunft ins Auge fassen sollte. Nachdem sich schon im 3. Kapitel gezeigt hatte, dass Selbstbewusstsein, die Idee der Wahrheit sowie die der Freiheit und des Guten nur transzendentale Bestimmungen sein konnten, dürfte nach dem Abgleich mit den Grundlagen eines maßgeblichen existentialistischen Ansatzes klar sein, dass es sich bei dem hier vorliegenden Ansatz eindeutig um einen transzendentalphilosophischen handelt. Seine wenigen Kernbestimmungen einschließlich der *Grundlagen der Logik*, deren Hervortreten sich im 4. Kapitel nachvollziehen ließ, bieten zugleich Grundorientierungen für Wissenschaften, wie sich dies in der Folge herausstellte.

Philosophie, die in der beschriebenen Weise an der Wahrheit orientiert bleibt, kommt dem Wissenschaftsideal nahe. Sie überschreitet die vom Positivismus deklarierten Grenzen dieses Ideals, die auf tatsächliche, sinnlich wahrnehmbare und überprüfbare Befunde setzen, aber sie überwindet so zugleich die Schwachstellen des Positivismus insoweit, als sich seine Grenzziehung nie durchgängig beweisen ließ. Ob sich auch die Geistes- und die Sozialwissenschaften dem skizzierten Wissenschaftsideal voll einfügen oder ob sie Gründe haben, weiter auszugreifen, kann hier offen bleiben. Jede Wissenschaft muss die Möglichkeit haben, in ihrer Hypothesenbildung auch Grenzen zu testen. Deshalb sollten entsprechende Konstellationen auch den Versuch angeraten sein lassen, Anleihen aus dem Fundus transzendentaler Vorgaben auf ihre erfahrungswissenschaftliche Brauchbarkeit hin zu prüfen. In diesem Sinne könnten etwa – wie schon früher erwähnt – Entwicklungspsychologen testen, ob sie unter Voraussetzung der hier entwickelten Subjekttheorie der komplexen Realität der kindlichen Entwicklung nicht eher gerecht werden. Solange die Erfahrungswissenschaften bei Problemstellungen, die im traditionell empirischen Sinne nicht lösbar erscheinen, nicht auch die *Möglichkeit einer kritisch erweiterten Hypothesenbildung* ins Auge fassen, überlassen sie die Aufklärung des Problems anderen. Ob diese anderen dann wissenschaftlich orientierte Philosophen sind, entscheidet sich wiederum daran, ob sich Philosophie gegenüber solchen Fragestellungen offen erweist oder sich mit Inbrunst auf ihre vermeintlich eigenen Gefilde beschränkt.

Um Fehlinterpretationen auszuschließen, sollte zu dem Thema „Philosophie als Wissenschaft" noch angefügt werden, dass es hier keineswegs darum ging, eine regelrechte Wissenschaftstheorie auszubreiten, der dann evtl. auch die Philosophie zuzuordnen wäre. Derlei mögen manche Philosophen zwar anstreben, aber einer wissenschaftlichen Philosophie anderes als die konsequente Orientierung an der Wahrheit vorschreiben zu wollen, hieße in letzter Konsequenz, sie anderen Theorien unterzuordnen.

Mit der Wahrheit leben

Vor dem Hintergrund der in dieser Arbeit entfalteten Subjekttheorie und der knappen Erwägungen zu einer wissenschaftlichen Philosophie soll es auch noch darum gehen, die großen ungelösten Probleme der Zeit ins Auge zu fassen und zu fragen, was hier Aufgabe der Philosophie sein könnte oder gar sein müsste. Das Neue an dieser Fragestellung ist nicht die Ausrichtung auf einzelne große Fragen der Zeit. Neu ist vielmehr, dass sich der Mensch als Teil des Lebens insgesamt erkennen muss und dass ihm sein eigener Lebenswandel und seine wachsende Einflussnahme auf das Ökosystem, von dem das Leben abhängt, seine Verantwortung für die langfristige Erhaltung dieses Systems vor Augen führt. Das Leben hat ihm die Wahrheit erschlossen, also muss er auch mit der Wahrheit leben. Wahr ist aber ebenso, dass der *einzelne* Mensch zugleich seine Ohnmacht erkennt.

Zurückblickend auf das vorige Kapitel steht offenbar fest, dass sich allenfalls in sehr wenigen begünstigten Regionen der Erde für die dort lebenden Menschen ein friedliches Zusammenleben mit der existierenden Natur realisieren oder evtl. zurückgewinnen ließe. Die Natur ist ansonsten schon vielfältig geschädigt und in Teilen sogar zerstört. Angesichts des Klimawandels, der Übervölkerung in großen Bereichen der Erde und der nicht zuletzt dadurch bedingten Migration sowie angesichts der riesigen Schäden durch belastende Produktionsbedingungen und Produkte ist inzwischen auch die Philosophie gefordert.

Schon die wenigen Hinweise auf die Typik der Fragestellung, um die es hier geht, deuten auf die praktische Philosophie. Aber die Komplexität des Gesamtzusammenhangs zeigt auch, dass gründliche theoretische Klärungen vorausgehen müssen, wenn die praktischen Schritte nicht unbegründet, also willkürlich getan werden sollen. Solange es eine einzige Wissenschaft ist, deren Erkenntnisse die gebotene Entscheidung zur Folge haben – nur z.B.: Chemie oder Physik – wird eine philosophische Überprüfung daran nicht viel ändern. Sind aber unterschiedliche Erfahrungswissenschaften einschließlich der Politikwissenschaft und evtl. auch irgendwelche Dogmen beteiligt, kann es erheblich anders aussehen. Soll es dann aber etwa allein Sache der Politik sein zu entscheiden? Politiker stehen unter dem Druck, ihrer Wählerschaft zu Diensten zu sein, um wiedergewählt zu werden. D.h. dass sie oft – noch dazu in Zeiten des grassierenden Populismus – nicht einmal das Wohl und Wehe ihres eigenen Landes *als ganzen* im Blick haben (müssen).

Das Problem der sich verdüsternden Zukunft des Globus lässt sich im Übrigen nur dadurch lösen, dass die Staaten der Erde ohne Ausnahme die nötigen Regelungen verbindlich vereinbaren und durchsetzen. In diesem Sinne sind es jedoch überhaupt nur relativ wenige Staaten, die solche Entscheidungen verbindlich treffen und – unter internationalem wirtschaftlichen Konkurrenzdruck – mit der Aussicht auf Erfolg auf ihrem Staatsgebiet durchzusetzen vermögen. Im Grunde stellt sich sogar die Frage, wie viele der Staaten dieser Erde überhaupt im Vollsinne als in jeder Hinsicht handlungsfähige Völkerrechtssubjekte in Betracht kommen. Oft genug kann man noch nicht einmal von „Völkern" sprechen, und man muss überdies – indem man diese Frage aufwirft – bedenken, dass Völker unter dem Eindruck von äußeren und inneren Bedrohungen aller Art wie auch um kultureller Abgrenzungen willen nicht selten zum Nationalismus tendieren.

Solche Konstellation erinnert an ein bekanntes Wort Hegels: Philosophie „ist ihre Zeit in Gedanken erfasst", wie auch jedes Individuum „ein Sohn seiner Zeit" ist[204]. Ohne auf weitere Feinheiten im Sinn dieser Worte eingehen zu müssen, lässt sich daraus offenbar

---

[204] Hegel, Grundlinien der Philosophie des Rechts, Vorrede XXIf. (Hegel scheint *in seiner Zeit* überzeugt gewesen zu sein, damit auch die Töchter zulänglich berücksichtigt zu haben.)

schließen, dass die Widersprüche der jeweiligen Zeit zugleich Widersprüche im Bewusstsein der Menschen sein müssen. Aufgabe der Philosophie ist es demgemäß, diese Widersprüche aufzudecken und für sie wie auch für die bereits offen zutage liegenden Widersprüche Lösungsansätze zu suchen. Mit anderen Worten: Philosophie darf sich nicht zu schade sein, unter gründlicher Berücksichtigung dessen, was andere Disziplinen an Erkenntnissen beitragen, die richtigen *Wege* zu suchen oder zumindest einen Kompass für solche Wege zu erarbeiten. Diese Wege nämlich müssen vernünftig sein, d.h. sie müssen dem Menschen und dem Leben *insgesamt* gerecht werden. Vielleicht wollte Hegel dies sogar zum Ausdruck bringen, dann wäre eben die hier herausgestellte „neue Aufgabe" der Philosophie schon eine ältere oder vielleicht gar eine uralte, weil man sie auch schon bei Platon vermuten kann.

Aber Hegel, der wohl eher den Preußischen Staat vor Augen hatte, sah keinen Anlass, weltverbessernde Belehrungen zu verbreiten: „Um noch über das *Belehren*, wie die Welt sein soll, ein Wort zu sagen, so kommt dazu die Philosophie immer zu spät. Als der *Gedanke* der Welt erscheint sie erst in der Zeit, nachdem die Wirklichkeit ihren Bildungsprozess vollendet und sich fertig gemacht hat ..."[205] Davon, dass Letzteres irgendwann eingetreten wäre oder eintreten könnte, lässt sich nach heutigen Maßstäben nicht mehr ausgehen. Selbst die nach wie vor unverzichtbaren Verfechter demokratischer Lehren haben lernen müssen, wie fragil die soziale Wirklichkeit vieler Demokratien werden kann.

Die komplexe Problemlage dieser Zeit stellt den Menschen vor Aufgaben, deren Bewältigung der Mobilisierung vieler Kräfte bedarf. Es gilt, alle Erfahrungserkenntnisse bezüglich dessen, was das Leben auf der Erde zu sichern vermag, zusammenzutragen und eine Grundordnung zu entwerfen, die die Bedingungen der Möglichkeit eines Zusammenlebens im weitesten Sinne erfasst. Solche Vorschläge erinnern sogleich daran, dass es ja bereits die Vereinten Nationen gibt. Nur sind die UN in vielem zu einer Art Spielfeld für Staaten geworden, denen es ganz und gar nicht um verallgemeinerungsfähige Grundnormen geht, deren Einhaltung allen Menschen und dem Leben insgesamt eine tragfähige Ausrichtung

---

205 Hegel, a.a.O. XXIIf.

zu geben vermöchte. Philosophen, die in dieser umfassenden Prob-
lemstellung ihre wichtigste Aufgabe erkannt haben, müssen sich –
für manchen von ihnen fast schon undenkbar – darauf einstellen,
die Fachkunde anderer wissenschaftlicher Disziplinen einzubeziehen, um dem gemeinsamen Ziel zu dienen.

Es gibt konkrete philosophische Bestrebungen, die im Sinne
des hier Bevorzugten bereits unterwegs sind. Aber eine philosophische Schule von internationaler Geltung, die unter Berücksichtigung aller Erfahrungswissenschaften wie auch der Jurisprudenz in
dieser Beziehung Maßstäbe setzt und von anderen Disziplinen wie
auch von Politikern und Staaten ernst genommen werden muss,
wäre dem Leben als ganzen am ehesten gemäß.

12. Kapitel

Selbstpositionierung und Selbst-Gründung

Diese Arbeit hat – ausgehend vom kindlichen Bewusstsein – nachgezeichnet, wie und in welche wesentlichen Richtungen sich menschliche Vernunft entfaltet. Im Zuge dieser Gedankenführung wurde dabei das Leben in zweierlei Weise zum Thema: als das Leben aller Kreatur auf der Erde einerseits und andererseits als das konkrete Leben jedes einzelnen Menschen. Nachdem sich nun gezeigt hat, wie menschliches Selbstbewusstsein und mit ihm Vernunft und Wahrheit letztlich – im Sinne Darwins – aus den früheren Formen des Lebens hervorgegangen sein müssen, sollte die Aufmerksamkeit noch etwas gründlicher auf das einzelne Leben als ganzes gerichtet werden.

Zunächst einmal besteht Anlass, das Auftreten des Selbstbewusstseins beim Kinde als Frühform einer *Selbst-Gründung* zu interpretieren, das Sich-Setzen als „ich". Von einer *Frühform* sollte auch deshalb gesprochen werden, weil dieses Setzen zwar eine selbstständige Leistung des Kindes ist, aber dennoch keine im Vollsinne *freie* Leistung. Wohl aber wird es eine insgesamt *befreiende* Leistung, wobei das kindliche Selbstbewusstsein zunächst „um seiner Aufrechterhaltung willen immer neuer Bestätigung" bedarf (vgl. 1. Kapitel). Diese stellt sich ein durch die Anerkennung der Bezugspersonen für praktische, theoretische und ästhetische Aspekte des frühen kindlichen Denkens und Handelns.

Das solchermaßen gefestigte „ich" ist der Urgrund aller Wahrheit und wird dank seiner Evidenz maßgeblicher Grund für theoretische und praktische Einsichten. Es ist die Basis aller Rationalität im Leben des einzelnen Menschen (4. Kapitel). Kraft seines Selbstbewusstseins vermag das Kind Schritt um Schritt den je konkreten Erkenntnisgrund, den Handlungsgrund und eine sehr vorläufige Art von Grund für ästhetisch differenzierendes Gestalten bzw. ästhetisch differenzierendes Wahrnehmen zu erfassen. Von hier aus wird in der Folge gleichsam ein eigener Weg – wenn auch zunächst in Trippelschritten bei vielen Irrtümern – eingeschlagen. Festzuhalten ist bei alledem aber auch, dass das „ich" in seiner Transzendentalität auf seine faktische Basis angewiesen bleibt.

Für das Kind zählen auf dem skizzierten Weg vor allem Versuch und Irrtum. Aus der Sicht des älteren Menschen, der solche Werdegänge kennt, bestätigt sich hier die alte Einsicht, dass Kinder ihre Erfahrungen selbst machen müssen. Dabei empfiehlt es sich allerdings, ihnen über die begleitende Vermittlung wichtiger lebenspraktischer Erfahrungen folgenreiche Fehler zu ersparen. Erst der ältere Mensch kann auch mit einer gewissen Zuverlässigkeit erkennen, wo sich für den jüngeren so etwas wie die Möglichkeit einer soliden Verankerung abzeichnet. Als Kriterium kommt hier zunächst die Wahrheit in Betracht, so weit man sich deren mit seinen Einsichten usw. sicher sein kann. Im Bewusstsein entstehen damit gleichsam Inseln konkreten Wissens. Je praxisnäher diese sind, umfasst das kindliche Wissen bald auch Aspekte eigenen praktischen Könnens. Fast schon von selbst bilden sich zwischen solchen Inseln des Wissens einschließlich ersten Wissens um eigenes Können Verbindungen und z.T. regelrechte Netze des Wissens, wobei auch Problemzonen bewusst werden: Dass jüngere Menschen, wenn es um eine Selbsteinschätzung geht zwischen dem, was sie können, und dem, was sie wollen, noch nicht treffend zu unterscheiden vermögen, ist ein bekanntes Phänomen. Offenkundig weist auch hier der Maßstab der Wahrheit in die richtige Richtung. Die Orientierung an der Wahrheit ist zugleich ein wichtiges Kriterium, um ein kommunikatives Miteinander unter Menschen zu ermöglichen und zu sichern. Menschliches Miteinander setzt allerdings noch mehr voraus. So müssen etwa für Kinder in Familien, in Schulklassen usw. verallgemeinerungsfähige Regeln gelten, die z.T. Vorstufen moralischer Vorgaben sind.

Im Rahmen der frühen sozialen Einbindung, vorrangig in der Familie, beginnt so etwas wie eine *Selbstpositionierung* des Kindes[206], wobei sich bekanntlich Unterschiede zeigen je nach dem, ob es mit Geschwistern aufwächst oder nicht. Unter Geschwistern nämlich stellt sich vor allem wegen der Altersunterschiede bei manchen kleineren Konflikten eine Rollenverteilung ein, die über Jahre recht stabil sein kann. Die weitere Entwicklung der sozialen

---

[206] Vgl. dazu schon das 3. Kapitel.

Positionierung des Kindes und des bzw. der Heranwachsenden einschließlich des schulischen Bereichs, einer Berufsausbildung oder eines Studiums kommt zu einem gewissen Abschluss, wenn sich ein Mensch im Berufsleben etabliert hat und in einer Partnerbeziehung steht.

Der Begriff der Selbstpositionierung, der mit den früher benutzten Termini Selbstverständigung[207] und spezifische Selbstfindung[208] unmittelbar einsichtige Überschneidungen aufweist, thematisiert im Kern einen soziologisch relevanten Tatbestand. Im konkreten Fall kann eine solche Positionierung von diversen Faktoren abhängen. Vor allem sind in dem jeweiligen Umfeld andere Personen zumeist in irgendeiner Form Mitwirkende, so dass dann der Begriff der *Rolle* und der – bereits benutzte – Begriff der Rollenverteilung denjenigen der Positionierung treffend ergänzen. Die soziologische Sichtweise zeigt zugleich auf, dass der einzelne Mensch in verschiedenen sozialen Gruppierungen sehr unterschiedliche Rollen einnehmen kann. Der Philosoph aber muss seine Theorie dahingehend erweitern, dass dem Einzelnen im Rahmen der transzendentalen Einheit des „ich" mehrere Rollen möglich sind. Viele Menschen erkennen lebenswerte Perspektiven darin, dass sie sich nicht ausschließlich auf *eines* festlegen müssen, dass z.B. nicht die reine Rationalität ihr Leben ausmachen muss. Eine weitere Rolle in einem anderen Lebensbereich kann trotz zusätzlicher Belastung ein Stück eigene Freiheit sichern. Eine glückende „Komposition" der Rollen mag sogar die oben angedeutete Selbstfindung oder – ausgreifender – so etwas wie Selbstverwirklichung eher ermöglichen.

Aber „Leben" heißt weit mehr als eine Art Segmentierung des Menschen in Rollen, deren Verfugung – um es vorsichtig auszudrücken – nicht immer konfliktlos gelingt. Zur Lebenswirklichkeit gehört auch, dass der Mensch in der Ungewissheit darüber lebt, was die Zukunft noch bringen könnte. Sein Lebenshorizont wird nicht selten verändert dadurch, dass er selbst oder dass ihm nahe stehende Personen elementare Einschnitte wie Unglücke, Krankheiten und Tod erleben und erleiden. So empfinden sich Menschen –

---

[207] Vgl. 3. und 7. Kapitel.
[208] Vgl. 9. Kapitel.

abgesehen vielleicht von jenen, die durch andauernde größere Erfolge oder vermeintlich verdientes Glück sozusagen über ein „breit ausgelegtes Selbstbewusstsein" verfügen – in mancher Stimmungswie auch Lebenslage wie Halme im Wind. Daraus erwächst mit der Zeit das – oft gar nicht klar begriffene oder zu begreifende – Bedürfnis, sich selbst als Mensch verlässlicher zu verankern.

Von großer Bedeutung ist dabei die Einbindung in eine Familie, in der Freude und Leid geteilt werden. Dort, wo die Arbeitswelt des Menschen bei verstärktem Engagement mehr Lebenserfüllung verspricht, kann und wird er teilweise auch darin einen solchen Anker zu finden glauben oder auch finden. Es gibt zudem Berufe, in denen ein entsprechendes *Gewissen* des Ausübenden, zumindest aber eine lebensprägende Gewissenhaftigkeit ausschlaggebend sind. Und es gibt auch Formen einer Verankerung, die nicht auf eine typische Selbstpositionierung im Sinne einer sozialen Verortung ausgerichtet sein müssen, selbst wenn die gefundene grundlegende Verankerung eine Ausstrahlung in gesellschaftliche Bereiche haben mag: Das Thema „Leben und Wahrheit" spitzt sich hier dahingehend zu, dass sich vernunftbegabtem Leben die *Sinnfrage* stellt. In dem gesuchten Sinn geht es nämlich um den entscheidenden Grund des Handelns. Daneben mögen noch weitere Gründe eine Rolle spielen. Anderen zu helfen, gibt dem eigenen Leben Sinn. Allgemeiner: Die Moralnorm zu erfüllen, hat Sinn. Aber auch sehr vielen normalen Arbeiten, sofern sie den Menschen und dem Leben insgesamt dienlich sind, muss man Sinnhaftigkeit attestieren. Große menschliche Leistungen – man denke nur an für die Menschheit wichtige technische Errungenschaften, an Ergebnisse wissenschaftlicher Tätigkeiten oder an die Werke Kunstschaffender – haben Sinn. Ein Leben, das sich solchermaßen selbst „gründet", gibt *sich* einen Sinn. Ruft man sich in diesem Zusammenhang aber nochmals Platons Idee des Guten, der in seiner Ideenlehre der höchste Rang zukommt[209], in Erinnerung, kommen zwangsläufig neue Zweifel auf. Kann das Sich-Gründen in der Idee des Guten das Höchste sein, was der Mensch erstreben kann? Und führt nicht gerade solche Idee zu der allzu oft quälenden Erkenntnis, dass man ihren

---

[209] Vgl. schon oben 3. Kapitel.

Forderungen nicht wirklich genügen konnte, auch nie genügen kann?

Die Gründung im Glauben

So kommen denn – auf welchem Entwicklungsstand der Menschheit auch immer – Gedanken auf, die sich in ihrem Kern nicht vollständig unter Theorie, Praxis und Ästhetik einordnen lassen. Bereits in sehr frühen Zeiten haben die Menschen die Existenz unsichtbarer Mächte vermutet, die die menschlichen Geschicke beeinflussen. Auch die voranschreitende Vernunft des Menschen, die als solche nicht ohne die Wahrheit zu denken ist, konnte davon nicht lassen. So haben Menschen um des puren Überlebens willen, mitunter vielleicht auch dank solcher Phasen, in denen sie ohne unmittelbaren Daseinsdruck ein freieres, phantasievolleres Denken vorantreiben konnten, ihren Glauben an solche Mächte immer wieder geprüft und so manches daran revidiert aber so, dass Glaubhaftes übrig blieb. Oft wurde aber auch ein solcher Glaube gänzlich aufgegeben, um neuen „Wegweisern" zu folgen oder sich von alldem gänzlich zu befreien.

Ohne dem damit zusammenhängenden, ohnehin nur vage abzugrenzenden Begriff der Religion gründlicher nachgehen zu müssen, lässt sich aus einem philosophisch durchdachten Begriff des Glaubens dasjenige eingrenzen, was Religion genannt werden kann. Nochmals darf dazu an jenen Kerngedanken erinnert werden, der im 1. Kapitel festgehalten worden war, wonach sich im frühen „ich"-Gedanken theoretische, praktische und ästhetische Momente in homogener Evidenz verbinden. Wo auf der Basis einer entsprechenden Botschaft, vielleicht auch eines sehr einschneidenden Erlebnisses, eines verbindenden Heiligtums usw. ein Konsens unter Menschen entstand, auf eine jenseitige Macht zu setzen und daran in einer Weise festzuhalten, die diesen neu entstandenen Glauben als eigenständiges Moment in den erwähnten „ich"-Gedanken bleibend einbezieht, wird die Rede von Religion schlüssig. Dies kann dann auch als die innigste Form des Sich-Gründens gelten.

Im Umfeld einer über lange Zeit vorwiegend christlich geprägten Zivilisation darf vielleicht beispielhaft erläutert werden, was solcher Glaube bedeuten kann: Glaubt der Mensch an den lebendigen

Gott, der den Menschen wohlwollend zugewandt ist, so verspricht dies für das menschliche Leben weit mehr zu sein als eine bloße Idee, der man zustreben kann bzw. soll.[210] Die zweitausendjährige Geschichte dieser Religion kann auch keine Zweifel darüber aufkommen lassen, dass sie ungezählt vielen Menschen etwas für ihr ganzes Leben bedeutet haben muss und vielen weiterhin bedeutet.

Aus philosophischer Sicht ist dabei erwähnenswert, dass die Ausstrahlungskraft griechischer Philosophie in der Zeit der Entstehung des christlichen Glaubens im Umfeld des östlichen Mittelmeeres indirekt auch im Neuen Testament in der einen oder anderen Form Berücksichtigung fand. Ein deutlicher Hinweis findet sich dazu in der Apostelgeschichte[211]. Danach hielt sich der Apostel Paulus um das Jahr 50 nach Christi Geburt zeitweise in Athen auf (Vers 15ff.), wo er eher den Eindruck gewann, dass dort viele Götter verehrt wurden. Wortführer der Gegenseite waren offenbar auch „Epikureer und Stoiker Philosophen", die sich offenbar polemisch gegen ihn wandten (Vers 18). Es erzürnte ihn, in der Stadt so viele Götterbilder zu sehen. Später sprach er dann vor kritischen und neugierigen Zuhörern, denen er Gottesfurcht bescheinigte. Er habe, so erklärte er u.a., auch einen Altar vorgefunden, auf dem geschrieben stand: „Dem unbekannten Gott". Der Apostel forderte demgegenüber die Menschen auf, sie sollten „den Herrn suchen, ob sie doch ihn fühlen und finden möchten. Und zwar, er ist nicht ferne von einem Jeglichen unter uns" (Vers. 27 in der Übersetzung Luthers). Dieser Text des Verfassers der Apostelgeschichte spricht offensichtlich dafür, dass es im Verhältnis zu den damals gängigen philosophischen Richtungen um klare Abgrenzung ging.

In dem Brief des für seine Zeit theologisch hochgebildeten Apostels an die Philipper lässt er selbst demgegenüber einige Jahre später (etwa im Jahr 55) erkennen, dass er den stoischen Philosophen seiner Zeit bedingte Anerkennung zollt. So heißt es hier zunächst: „... der Friede Gottes, welcher höher ist, denn alle Vernunft, bewahre eure Herzen und Sinne in Christo Jesu". Der folgende Vers lautet dann: „Weiter, liebe Brüder, was wahrhaftig

---

[210]   Dazu lässt sich dazu im Neuen Testament Hebräer 11, Vers 1 zitieren: „Es ist aber der Glaube eine feste Zuversicht dessen, das man hofft, und ein Nichtzweifeln an dem, was man nicht sieht" (Lutherbibel 2017).

[211]   APG Kapitel 17.

ist, was ehrbar, was gerecht, was keusch, was lieblich, was wohl lautet, ist etwa eine Tugend, ist etwa ein Lob, dem denket nach."[212] Diese konkreteren Festlegungen gehören in einen Vernunftzusammenhang, der sowohl eine weltliche Vorbedingung als auch eine weltliche Konsequenz des Friedens Gottes sein kann. Alle Bestimmungen des letzten zitierten Satzes lassen sich auf die Stoa zurückführen, die z.T. als Erneuerung der Lehren des Sokrates gegolten hat.

Zusammengefasst zeigen diese beiden Beispiele, dass sich die frühen Verkünder christlichen Glaubens veranlasst sahen, sich auch mit philosophischen Lehren ihrer Zeit zu befassen. In der einen oder anderen Form scheinen mithin fundierte philosophische Erkenntnisse auch für die Selbst-Gründung im Glauben von Bedeutung gewesen zu sein. Wie die Wahrheit unerlässlich ist, um dem Menschen eine differenzierte Sicht darauf zu eröffnen, was hier und jetzt zu tun ist bzw. was überhaupt getan werden sollte, so bedarf auch der Glaube einer inhaltlich soliden Verankerung in der Vernunft, also theoretisch, praktisch und – mitunter nur in der Ausgestaltung zu durchschauen – ästhetisch. Ein Gottvertrauen, das im Frieden Gottes seine Bergung findet, ist offenbar zugleich eine lebenslange Aufgabe. Der Kreuzestod Christi weist hier in eine klare Richtung. So kann sich nach christlicher Überzeugung, die Selbst-Gründung im Glauben auch im Tod bewähren.

Religion und Philosophie

Richtet sich der Blick von dem dargestellten Beispiel der Selbst-Gründung im christlichen Glauben wieder auf das Allgemeinere, dann zeigt sich, dass das zitierte biblische Wort „höher denn alle Vernunft" von Philosophen sehr unterschiedlich aufgefasst wird, je nach dem, was sie in ihrer Disziplin anstreben bzw. meinen anstreben zu können und was sie ausschließen. Entweder sie suchen selbst einen religionsphilosophischen Standpunkt, der den Glauben in ihre Philosophie einbezieht.[213] Oder sie versuchen sich in einer spekulativen Philosophie, die der menschlichen Vernunft die Fä-

---

[212] Philipper 4, Vers 7 und 8.
[213] Ein namhafter Vertreter dieser Richtung war Karl Jaspers vor allem mit dem Werk „Der philosophische Glaube angesichts der Offenbarung", München 1962.

higkeit zuspricht, Absolutes und empirisch Erkennbares als Gesamtzusammenhang zu erfassen.[214] Oder aber sie bekennen sich eher unauffällig, mitunter aber auch offen zum Atheismus[215], so dass *nichts* höher sein kann als die menschliche Vernunft.

Der hier vertretene subjekttheoretische Ansatz sympathisiert dagegen mit solchen Theorien, die eine nüchterne wissenschaftliche Orientierung der Philosophie bevorzugen. Er sieht für spekulative „Ausflüge" der Philosophie keine Rechtfertigung, kann aber nicht ignorieren, dass Menschen in ihrem Glauben Gründe für eine Zuversicht finden, die sich mit bloßer Vernunft nicht erklären lässt, die aber doch oft genug für die Lebensführung der Gläubigen von Bedeutung ist und die dabei auch Wege aus Lebenskrisen weist. Solcher Glaube ist aus der Sicht einer Philosophie, deren Grundbegriffe sich aus der Evidenz des Selbstbewusstseins erklären und rechtfertigen, *weder zu begründen noch zu widerlegen.* Die in dieser Arbeit schon mehrfach angesprochene „Verantwortung des Menschen für das Leben insgesamt" lässt es deshalb auch offen und muss vielleicht sogar anstreben, dass Religion und Philosophie eine Art gute Nachbarschaft pflegen. So oder so erfordert diese Verantwortung für das Leben von den Menschen nach heutigem Erkenntnisstand angesichts der wachsenden Größe der Aufgabe eine Demut, wie sie vielleicht am besten der Arzt kennt, der um das Leben seiner Patienten kämpft.

Da in dieser Abhandlung die geistige Entwicklung des Kindes weitgehend im Mittelpunkt gestanden hat, scheint es angezeigt, auch noch die frühe Einbeziehung von Kindern in religiöse Lebensformen zu erwähnen. Der hier vertretene Ansatz hat keinen Anlass zu bezweifeln, dass dies dem Kind eine Orientierung zu geben vermag, die sich in diejenige des Elternhauses einfügt. Die Vermittlung eines Menschenbildes, das sich auf einen liebenden Gott ausrichtet, der nach der Botschaft jedem einzelnen Menschen zugewandt ist,

---

[214] Hier ist von den aktuellen Philosophen besonders Dieter Henrich zu nennen (vgl. 2. Kapitel). Er bleibt damit Spinoza und der idealistischen Philosophie verbunden, die „dem Programm nachgegangen" seien, „das Endliche als inbegriffen im Unendlichen zu denken." Vgl. Henrich, Denken und Selbstsein, S. 81.

[215] So erklärt J.P. Sartre: „Der atheistische Existenzialismus, für den ich stehe …" Vgl. Drei Essays, Berlin 1963, S. 11.

kann Mut machen, ohne anderen irgendeinen Schaden zuzufügen. Im Gegenteil: Die Mitmenschlichkeit gehört zu den Konsequenzen dieses Glaubens. Der Diskussion darüber allerdings, ob und wie solche Orientierung mit allen ihren überkommenen Details in Zeiten des Wandels von Maßstäben noch allen Anforderungen des Lebens genügen kann oder der Anpassung bedarf, sollten sich die Befürworter einer solchen Offenheit der Philosophie für Religionen nicht entziehen.

Abschließend bleibt zur Philosophie insgesamt festzuhalten: Es sollte kein Zweifel darüber aufkommen, dass spekulative und sonstige metaphysische Theoreme auch weiterhin Philosophen umtreiben werden. Aber indem jetzt der Zusammenhang von Leben und Wahrheit aus sich heraus zu verstehen ist, weil die Wahrheit dem Menschen immer schon als transzendentale Idee aufgeht, werfen überzeugende Beweise betreffend eine Metaphysik jenseits der Transzendentalphilosophie beträchtliche Probleme auf. Hinzu kommt, dass der Mensch auch die transzendentale Idee der Freiheit erfasst und dank der Sicherheit über die Wahrheit im Bewusstsein seiner selbst auch erkennen kann, welche Fesseln seine Freiheit binden oder gar ausschließen.

Festzuhalten bleibt aber auch, dass „diesseits" der Grenzen der reinen Vernunft, um deren Neubestimmung es hier u.a. ging, den Philosophen mehr denn je zu tun bleibt. Vor allem bedürfen die stetig wachsenden Probleme der Zeit vielfältiger interdisziplinärer Lösungsentwürfe, deren Verantwortbarkeit immer neu geprüft sein will. Hier muss sich auch Philosophie bewähren. Denn Philosophie ist, um nochmals Hegel zu zitieren, „ihre Zeit in Gedanken erfasst".

Nachtrag „zur Zeit"

Es gibt Zeiten, in denen sich wichtige Erkenntnisse regelrecht aufdrängen – auch für Philosophen. Deren Sache kann es gewiss nicht sein, sich überall dort einzuschalten, wo es darum geht, einer konkreten inhaltlichen Wahrheit auf die Spur zu kommen. Wohl aber ist Philosophie gefordert, wenn es um den Menschen als solchen oder auch um das Leben insgesamt geht.

Die nach ökonomischen Maßstäben lange Zeit mit Stolz verkündete Globalisierung wurde vor allem durch die Lebensbedürfnisse einer rasant gewachsenen Erdbevölkerung auch in anderer Form ungewollt und doch nachdrücklich vorangetrieben: Die Umweltverschmutzung nimmt globale Ausmaße an, was sich wiederum in einer Erderwärmung niederschlägt, die kritische Grenzen zu überschreiten droht.

Mittlerweile wird Globalisierung nun auch im Bereich der menschlichen Gesundheit zum bedrückenden Thema. Die Ausbreitung der im Jahre 2019 in China aufgekommenen Corona- Viren führt vor Augen, welchen Gefahren man in einem globalisierten Lebenskontext ausgesetzt ist. Der Verlauf der Pandemie mit der begleitenden Entstehung weiterer, noch aggressiverer Virustypen kostete schon binnen Jahresfrist weltweit Abertausenden von Menschen das Leben.

Die staatlicherseits konzipierte Bekämpfung aber hatte tendenziell gesellschaftliche Zerreißproben zur Folge: Diejenigen, die sich – mitunter auch irrtümlich – als vital genug empfanden, und diejenigen, die sich durch „Lockdowns" in ihrer wirtschaftlichen Existenz bedroht sahen, stemmten sich gegen die Einschränkung solcher zwischenmenschlicher Kontakte, die die rasante Zunahme der Fälle von Viren-Übertragung zur Folge hatten. Ob gewollt oder ungewollt wandten sie sich damit gegen diejenigen, für die aus Altersgründen oder auf Grund von Vorerkrankungen die Kontaktbeschränkungen dem Schutz ihres Lebens dienten. Hier standen Freiheitsrechte gegen die Moral.

Auf der anderen Seite erwies sich mit Bezug auf den entschlossenen Kampf gegen die Viren erneut, dass menschlicher Geist gerade unter höchstem Druck große Innnovationskraft entwickelt. Viele der Bemühungen in einer Reihe von Staaten könnten sogar die Hoffnung beflügeln, dass aus größeren Gefahren konstruktive zwischen- und überstaatliche Kooperationen erwachsen. Die Ergebnisse der Coronakrise aber lassen sich einstweilen wohl am besten mit den Stichworten „Impfstoffe" und „Digitalisierung" beschreiben.

Für Philosophen könnte sich aus der Beobachtung solcher Fortschritte ein Anreiz ergeben, den Bedingungen der Möglichkeit des Fortschreitens der Vernunft in Freiheit mehr Aufmerksamkeit zu schenken und sich so der Realität der Vernunft mehr anzunähern.

Eine bloße Marginalie scheint in solchen Zeiten die amerikanische Marsmission mit dem Rover „Perseverance" zu sein, die vor allem der Frage nachgeht, ob es auf dem Mars einmal Leben gegeben hat und vielleicht – tief im Boden – noch gibt. Und doch zeigt sich darin auch ein Stück Vorausschau, obwohl deren mögliche Ergebnisse buchstäblich in den Sternen stehen. Auf anderen Planeten nach Spuren von Leben und damit zugleich nach möglichen anderen Lebensräumen Ausschau zu halten, mag abwegig erscheinen. Aber selbst wenn alle derartigen Missionen scheitern sollten, läge darin immer noch der Vorteil, dass die Menschheit umso besser begreifen müsste, was sie an ihrer Erde hat.

Literaturangaben

Frank, Manfred: Präreflexives Selbstbewusstsein, Stuttgart 2015.

Guardini, Romano: Der Tod des Sokrates, Hamburg 1962.

Habermas, Jürgen: Wahrheit und Rechtfertigung, Frankfurt 1999.

Hegel, G.W.F.: Phänomenologie des Geistes.

Ders.: Grundlinien der Philosophie des Rechts.

Ders.: Enzyklopädie der philosophischen Wissenschaften.

Henrich, Dieter: Der ontologische Gottesbeweis, Tübingen 1960.

Ders.: Fichtes ursprüngliche Einsicht, Frankfurt 1967.

Ders.: Selbstbewusstsein – Kritische Einleitung in eine Theorie
      Aufsatz in Bubner, R. et al.: Hermeneutik und Dialektik, Tübingen 1970.

Ders.: Denken und Selbstsein, Frankfurt 2007.

Ders.: Sein oder Nichts, München 2016.

Ders.: Kant – Zu seiner Lehre von Erkennen und Handeln, Köln 1973.

Hönigswald, Richard: Die Systematik der Philosophie, Bonn 1977.

Ders.: Wissenschaft und Kunst, Stuttgart 1961.

Honneth, Axel: Das Ich im Wir, Berlin 2010.

Husserl, Edmund: Logische Untersuchungen, 2. Aufl. Tübingen 1913.

Ders.: Ideen zu einer reinen Phänomenologie, Den Haag, 1950.

Kant, Immanuel: Kritik der reinen Vernunft.

Ders.: Grundlegung zur Metaphysik der Sitten.

Ders.: Kritik der Urteilskraft

Ders.: Was heißt: sich im Denken orientieren?

Ders.: Anthropologie in pragmatischer Hinsicht.

Mannheim, Karl: Wissenssoziologie, Berlin/Neuwied 1964.

Nida-Rümelin, Julian: Über menschliche Freiheit, Stuttgart 2005.

Piaget, Jean: Das Erwachen der Intelligenz beim Kinde, 5. Aufl. Stuttgart 2003.

Ders.: Das moralische Urteil beim Kinde, Frankfurt 1973.

Platon: Politeia.

Popper, Karl u. Eccles, John C.: Das Ich und sein Gehirn, München, 2. Aufl.
      Zürich 1984.

Sartre, Jean-Paul: Das Sein und das Nichts, Hamburg 1962.

Ders.: Ist der Existentialismus ein Humanismus? in: Drei Essays, Frankfurt,
      Berlin 1963.

Scheler, Max: Die Stellung des Menschen im Kosmos, Bern und München 1965.

Schiller, Friedrich: Über die ästhetische Erziehung des Menschen in einer Reihe von Briefen.

Schwemmer, Oswald: „Wille" in Enzyklopädie Philosophie und Wissenschaften Hrsg. Jürgen Mittelstrass.

Tomasello, Michael: Die Ursprünge der menschlichen Kommunikation, Frankfurt 2009.

Ders.: Eine Naturgeschichte des menschlichen Denkens, Berlin 2014.

Winterhager, E.: Freiheit des Denkens, Würzburg 2015.

Ders.: Die vergessene Pflicht, Siegen 1998.

Wittgenstein, Ludwig: Philosophische Untersuchungen, Frankfurt 1969.